海外农业研究中心 ● 智库报告

"一带一路"国家
农业发展与合作——独联体及其他六国

格鲁吉亚　阿塞拜疆　摩尔多瓦　乌克兰　白俄罗斯　亚美尼亚

◎ 聂凤英　曲春红　主编

中国农业科学技术出版社

图书在版编目（CIP）数据

"一带一路"国家农业发展与合作. 独联体及其他六国 / 聂凤英，曲春红主编. —北京：中国农业科学技术出版社，2018.12
ISBN 978-7-5116-3904-2

Ⅰ.①一… Ⅱ.①聂… ②曲… Ⅲ.①农业合作－国际合作－研究－中国、东欧②农业合作－国际合作－研究－中国、西亚 Ⅳ.① F32 ② F351 ③ F337

中国版本图书馆 CIP 数据核字（2018）第 218735 号

责任编辑　徐定娜　穆玉红
责任校对　贾海霞

出 版 者	中国农业科学技术出版社
	北京市中关村南大街 12 号　邮编：100081
电　　话	（010）82109707（编辑室）（010）82109702（发行部）
	（010）82106629（读者服务部）
传　　真	（010）82109707
网　　址	http://www.castp.cn
发　　行	各地新华书店
印 刷 者	北京建宏印刷有限公司
开　　本	880 mm × 1 230 mm　1/16
印　　张	9.75
字　　数	206 千字
版　　次	2018 年 12 月第 1 版　2018 年 12 月第 1 次印刷
定　　价	180.00 元

━━━━◀ 版权所有·侵权必究 ▶━━━━

《"一带一路"国家农业发展与合作——独联体及其他六国》
编委会

主　　任：吴孔明

副 主 任：贡锡锋　　孙　坦　　金　轲

主　　编：聂凤英　　曲春红

副 主 编：张　莉　　计　晗

编写人员：赵俊晔　　朱增勇　　刘梦琪　　熊　雪　　褚衍章
　　　　　计　晗　　赵　鱼　　柳　晔　　张沈菲　　左　璇

序

在当今世界经济复苏缓慢，全球产业结构和国际投资贸易格局深度调整的背景下，习近平总书记2013年提出的共建"丝绸之路经济带"和"21世纪海上丝绸之路"倡议，得到了国际社会的广泛支持。"共建'一带一路'，实现共赢发展"对促进区域经济一体化和加强区域互联互通发挥了重要作用。"一带一路"倡议给沿线国家人民带来了实实在在的好处，为构建共商共建共享的全球治理新机制贡献了中国智慧。

人口增长、资源约束和消费结构升级对我国农业发展提出了新的挑战。党的"十八大"以来，党中央把农业"走出去"摆在了更加突出的位置，习近平总书记提出"要加快推动农业走出去，增加国内农产品供给"。保障国家食物安全，要求我们"统筹利用两个市场两种资源"，在全球范围内实现农业资源的优化整合和农产品市场的深度开发，构建开放互利共赢的农业对外合作新格局。

"一带一路"沿线国家高度重视农业发展，但由于自然条件和政治、经济、社会等多方面因素的影响，多数国家都面临区域农业发展不平衡，缺乏有效农业合作机制和农业科技支撑力度不足等问题。"一带一路"倡议为加强区域农业合作带来了难得的历史机遇，通过促进区域内农业要素有序流动，可以使沿线国家更好地发挥比较优势，增加世界农产品的有效供给。

改革开放40年来，中国农业产业和科技发展取得了长足的进步，积累了大量"一带一路"国家可以利用和借鉴的技术和管理经验。近年来，中国的农业科技已大量走出国门，在100多个国家和地区援建了270多个农业项目，"绿色超级稻"已经有78个品种在18个亚非国家审定和推广，"中棉系列"棉花新品种和植棉技术大幅提高了中亚国家的棉花产量。动物疫苗、生物防治技术和产品等为亚洲和非洲农业生产提供了重要保障。国内对外农业投资热情高涨，境外注册设立的农林牧渔类企业达1300多家，覆盖了105个国家和地区。农业"走出去"的新常态对海外农业战略研究提出了新的要求。我们需要建立全球农业数据中心，加强海外农业战略高端智库建设，为政府和企业农业走出去工作提供信息服务和技术支撑。

在农业农村部和中国工程院等部门的支持指导下，中国农业科学院海外农业研究中心系统开展了海外农业的研究工作。《"一带一路"国家农业发展与合作》系列丛书汇编了对重点国家的智库研究成果，编写过程中得到了农业农村部相关机构、中国农业科学院部分研究所以及云南、广西、新疆、内蒙古和黑龙江等省（自治区）级农科院、农业高校的大力支持。

丛书按地区分为东北亚四国、东南亚十一国、南亚七国、中亚五国、中东欧十六国、独联体及其他六国和西亚北非十六国共七个分册，系统梳理了"一带一路"沿线 65 个国家的基本国情和农业发展情况，从经济、贸易、投资和科技多角度分析了重点国家的农业投资环境、农业合作重点领域和发展潜力。丛书内容丰富、系统性强、信息量大，为中国农业对外合作和农产品贸易工作者提供了高水平的专业性参考，对服务中国农业国际合作和推动农业"走出去"工作有重要价值。

中国农业科学院副院长
中国工程院院士
2018 年 12 月

目 录
CONTENTS

格鲁吉亚

- 一、国家基本概况 ········· 2
  - （一）地理及行政区划 ········· 2
  - （二）人口状况 ········· 3
  - （三）政治制度 ········· 3
  - （四）社会和经济发展状况 ········· 4
- 二、农业发展现状 ········· 4
  - （一）农业资源条件 ········· 4
  - （二）农业生产情况 ········· 5
  - （三）农产品贸易情况 ········· 8
  - （四）农业科技发展 ········· 12
  - （五）农业管理体系与政策 ········· 12
- 三、农业投资环境 ········· 13
  - （一）国家商业环境 ········· 13
  - （二）农业优势与潜力 ········· 14
  - （三）风险分析 ········· 14
  - （四）总体评价 ········· 15
- 四、中格农业合作现状与合作重点 ········· 15
  - （一）合作现状 ········· 15
  - （二）合作潜力 ········· 16

（三）合作重点 ·· 17
五、中格农业合作建议 ·· 18
　　（一）以农产品贸易带动农业投资 ·· 18
　　（二）以西部省份作为中国向西开放的桥头堡 ······································ 18
参考文献 ·· 18

阿塞拜疆

一、国家基本概况 ·· 20
　　（一）地理及行政区划 ·· 20
　　（二）人口状况 ·· 20
　　（三）宗教与语言 ·· 21
　　（四）政治制度 ·· 21
　　（五）社会和经济发展状况 ·· 22
二、农业发展现状 ·· 23
　　（一）农业资源条件 ·· 23
　　（二）农业生产情况 ·· 24
　　（三）农产品贸易情况 ·· 27
　　（四）农业科技发展 ·· 30
　　（五）农业管理体系与政策 ·· 31
三、农业投资环境 ·· 32
　　（一）国家商业环境 ·· 32
　　（二）农业优势与潜力 ·· 32
　　（三）风险分析 ·· 33
　　（四）总体评价 ·· 34
四、中阿农业合作现状与合作重点 ·· 34
　　（一）合作现状 ·· 34
　　（二）合作潜力 ·· 35
　　（三）合作重点 ·· 36
五、中阿农业合作建议 ·· 37
　　（一）加大政府高层对话，完善政策措施 ·· 37

（二）利用政府信息资源，及时了解形势变化 ………………………… 37
（三）搭建合作平台，举办更多贸易投资促进活动 …………………… 38
（四）尊重当地文化习俗 ………………………………………………… 38
参考文献 ………………………………………………………………………… 38

摩尔多瓦

一、国家基本情况 …………………………………………………………… 40
    （一）自然地理 ………………………………………………………… 40
    （二）人口状况 ………………………………………………………… 40
    （三）政治制度 ………………………………………………………… 40
    （四）社会和经济发展状况 …………………………………………… 41
二、农业发展现状 …………………………………………………………… 41
    （一）农业资源条件 …………………………………………………… 41
    （二）农业生产情况 …………………………………………………… 43
    （三）农产品贸易情况 ………………………………………………… 44
    （四）农业政策 ………………………………………………………… 45
三、农业投资环境 …………………………………………………………… 47
    （一）国家商业环境 …………………………………………………… 47
    （二）风险分析 ………………………………………………………… 50
    （三）总体评价 ………………………………………………………… 51
四、中摩农业合作现状与合作重点 ………………………………………… 51
    （一）合作现状 ………………………………………………………… 51
    （二）合作潜力 ………………………………………………………… 54
    （三）合作重点 ………………………………………………………… 54
五、中摩农业合作建议 ……………………………………………………… 55
    （一）明确合作目标 …………………………………………………… 55
    （二）明确合作原则 …………………………………………………… 56
    （三）合作领域 ………………………………………………………… 56
    （四）合作措施建议 …………………………………………………… 56
参考文献 ………………………………………………………………………… 58

乌克兰

- 一、国家基本概况···60
  - （一）自然地理···60
  - （二）人口状况···60
  - （三）政治制度···61
  - （四）社会和经济发展状况···62
- 二、农业发展现状···63
  - （一）农业资源条件··63
  - （二）农业生产情况··64
  - （三）农产品贸易情况··69
  - （四）农业管理体系与政策··71
- 三、农业投资环境···74
  - （一）国家商业环境··74
  - （二）农业优势与潜力··75
  - （三）风险分析···76
  - （四）总体评价···77
- 四、中乌农业合作现状与合作重点···77
  - （一）合作现状···77
  - （二）合作潜力···79
  - （三）重点产业···81
- 五、中乌农业合作建议··82
  - （一）及时跟踪法律政策变化··82
  - （二）谨慎选择合作伙伴··82
  - （三）合法经营、和谐共处··82
  - （四）加强对市场行情变化的把握···83
  - （五）扩大宣传、灵活经营··83
  - （六）重视劳务问题··83
- 参考文献··83

白俄罗斯

- 一、国家基本概况 ········ 86
  - （一）自然地理 ········ 86
  - （二）人口状况 ········ 86
  - （三）政治制度 ········ 87
  - （四）经济发展与产业结构 ········ 87
- 二、农业发展现状 ········ 89
  - （一）农业资源条件 ········ 89
  - （二）农业生产情况 ········ 90
  - （三）农产品贸易情况 ········ 97
  - （四）农业科技发展 ········ 102
  - （五）农业管理体系与政策 ········ 103
- 三、农业投资环境 ········ 104
  - （一）国家商业环境 ········ 104
  - （二）农业优势与潜力 ········ 105
  - （三）农业投资风险分析 ········ 106
  - （四）总体评价 ········ 107
- 四、中白农业合作现状与合作重点 ········ 108
  - （一）农业合作现状 ········ 108
  - （二）农业合作存在的问题及制约因素分析 ········ 111
  - （三）农业合作潜力 ········ 112
- 五、中白农业合作建议 ········ 115
  - （一）合作目标与定位 ········ 115
  - （二）合作领域 ········ 116
  - （三）合作建议与措施 ········ 117
- 参考文献 ········ 118

亚美尼亚

一、国家基本概况 ··· 120
    （一）地理位置与人口状况 ··· 120
    （二）政治与经济状况 ··· 120
二、农业发展现状 ··· 121
    （一）农业资源条件 ··· 121
    （二）农业生产情况 ··· 122
    （三）农产品贸易情况 ··· 129
    （四）农业科技发展 ··· 132
    （五）农业管理体系与政策 ··· 133
三、农业投资环境 ··· 135
    （一）国家商业环境 ··· 135
    （二）农业优势与潜力 ··· 137
    （三）风险分析 ··· 137
    （四）总体评价 ··· 138
四、中亚农业合作现状与合作重点 ··· 139
    （一）合作现状 ··· 139
    （二）合作潜力 ··· 140
    （三）合作重点 ··· 141
五、中亚农业合作建议 ··· 143
    （一）建立中亚农业科技合作示范区，打造中国形象 ····················· 143
    （二）农化农机企业形成企业联盟，发挥产能合作规模优势 ··············· 143
    （三）依托各类平台，协助促进能力建设 ······························· 143
    （四）以文化交流为契机，加大葡萄酒投资合作 ························· 143
参考文献 ··· 144

格鲁吉亚

格鲁吉亚位于外高加索中西部，地处欧亚交界，北接俄罗斯，东南和南部分别与阿塞拜疆和亚美尼亚相邻，80%为山地、山麓或山前丘陵地带。人口总数呈现下降趋势，将近1/3人口居住于第比利斯。最近几年经济开始恢复增长并保持较高增速，但农业产值比重下降，增速较慢。尽管自然条件优越，适合种植多种谷物、蔬菜、水果，但生产率水平不高，肉、奶制品、蔬菜和水果都要大量进口，畜牧业产值比重高于种植业。农业领域进口替代型的投资前景良好，尤其是温室果蔬和肉类生产、食品加工以及饮品。小农经济结构、农村地区基础设施落后、缺少融资渠道、土地制度不合理、缺少出口市场限制了农业的发展，农业吸引外资成效不高。总体来说，格鲁吉亚是中东欧具有吸引力的经济合作伙伴，中格在农业、食品加工业和农业基础设施等领域还有很大合作空间，可以带动中国与整个中东欧的农业合作。

一、国家基本概况

（一）地理及行政区划

格鲁吉亚历史悠久。1921年开始建立社会主义制度，1936年正式成为苏联的一个加盟共和国。苏联解体后，1990年11月4日成立"格鲁吉亚共和国"，1995年8月24日更名为"格鲁吉亚"。格鲁吉亚2/3是山地，陆地国际边界总长1461千米，其中北部与俄罗斯接壤723千米，南部与亚美尼亚接壤164千米，东部与阿塞拜疆接壤322千米，西南部与土耳其接壤252千米。

格鲁吉亚西濒黑海，沿黑海海岸线长310千米。北部大高加索山脉占国土面积1/3以上，南部是小高加索山脉，中间为山间低地、平原和高原。国土80%为山地、山麓或山前丘陵地带，50%国土在海拔1000米以上。全国共设2个自治共和国、1个自治州、7个自治市（第比利斯、波季、特基布利、奇阿杜拉、库塔伊西、加格拉、鲁斯塔维）、9个大区（古利亚、拉恰—列其呼米和下斯瓦涅季亚、萨梅格列罗—上斯瓦涅季亚、伊梅列季、卡赫季、姆茨赫塔—姆季阿涅季、萨姆茨赫—扎瓦赫季、克维莫—卡尔特里、什达—卡尔特里）组成。巴统和苏呼米分别为阿扎尔、阿布哈兹自治共和国的首府，茨欣瓦利为南奥塞梯自治州首府。目前，格鲁吉亚实际管辖的有1个自治共和国（阿扎尔自治共和国）、2个直辖市（第比利斯和波季）和9个大区。首都第比利斯，是全国政治、经济、文化和教育中心。其他主要经济中心城市有：巴统、库塔伊西、波季和鲁斯塔维等。

（二）人口状况

人口总数总体呈现下降趋势。据格鲁吉亚国家统计局数据，20世纪90年代以来，特别是90年代初期，人口呈现负增长。1992年人口达到546.74万人的高峰后持续下降，2014年开始人口趋于稳定。总人口从2010年的379.98万人降至2018年的372.96万人，其中城市人口从214.53万人增至217.48万人，农村人口从165.45万人降至154.50万人（表1）。超过一半的人口居住于第比利斯，2018年人口115.87万人，城镇化比重为58.3%。格鲁吉亚是多民族国家，格鲁吉亚族占83.8%，阿塞拜疆族6.5%，亚美尼亚族5.7%，俄罗斯族1.5%，其他如奥塞梯族、库尔德族、希腊族等2.5%。

表1　2010—2018年格鲁吉亚人口及分布　　　　　　　　　　　　　（单位：万人）

年　份	2010	2011	2012	2013	2014	2015	2016	2017	2018
总人口	379.98	377.36	373.93	371.84	371.69	372.19	372.86	372.64	372.96
其中：									
城市	214.53	213.02	212.93	211.87	212.12	213.56	215.15	216.19	217.48
农村	165.45	164.34	161.00	159.97	159.57	158.63	157.71	156.45	155.40

数据来源：格鲁吉亚统计局

（三）政治制度

政体为议会总统制。2013年格鲁吉亚改行议会总统制。政府是执行政权的最高机关，保障实施国内外政策，同时对议会负责。议会获胜党派推举总理候选人，总理候选人组阁政府并提出政府工作机会报议会批准。总统由全民选举，没有权力解散议会，不参与国家财政预算程序，无权取消和停止执行政权的法令行动。总统有权要求就某些具体问题在政府会议上讨论并出席会议。议会有权宣布对政府不信任，但必须获得议员多数支持。2010年9月26日通过宪法修正案，实行总统与总理之间相对均衡的权力分配，2013年10月正式生效。2015年12月科维利卡什维利成为新总理。实行立法、司法、行政三权分立制度。议会是最高立法机构。议会是一院制。本届议会为2016年10月选举产生。政党主要有：①"格鲁吉亚梦想—民主格鲁吉亚"党（Georgian Dream-Democratic Georgia），2016年赢得超过议会四分之三多数席位，在150个席位中占117席；②"统一民族运动"党（Unified National Movement），议会中有6个席位；③自由运动—欧洲格鲁吉亚党（European Georgia-Movement for Liberty），议会中有21个席位；④爱国者联盟，议会席位6个。司法独立，设宪法法院、最高法院、总检察院、监察院。

（四）社会和经济发展状况

目前社会形势相对稳定，与周边国家关系良好，经济恢复并保持平稳增长。2008年以前GDP保持高速增长，2009年受全球经济危机影响回落，最近几年开始恢复增长并保持较高增速。GDP（国内生产总值）总量在2008年以前大部分年份增速在10%以上，2007年最高达23.2%，2009年经济衰退，降5.7%，2010年开始连续2年恢复保持两位数增速，2013年增速回落至2.6%，最近2年继续保持较高增速，2017年GDP为380.4亿拉里，同比增长5.0%（表2）。其中，制造业占17.0%，贸易占12.8%，建筑业13.1%，运输和通信占9.0%，农业占7.2%。2017年人均GDP为10204拉里（折合4068美元）。

表2 2010—2017年格鲁吉亚GDP

年 份	2010	2011	2012	2013	2014	2015	2016	2017
GDP（现价，亿拉里）	207.4	243.4	261.7	268.5	291.5	317.6	340.3	380.4
GDP（2010年基期，亿拉里）	207.4	222.4	236.5	244.5	255.9	263.2	270.7	284.2
GDP增速（%）	6.2	7.2	6.4	3.4	4.6	2.9	2.8	5.0
人均GDP（现价，拉里）	5478	6481	7018	7222	7837	8524	9129	10204
人均GDP（现价，美元）	3073	3844	4250	4341	4438	3755	3857	4068
GDP（现价，亿美元）	116.4	144.4	158.5	161.4	165.1	139.9	143.8	151.6

数据来源：格鲁吉亚统计局

二、农业发展现状

（一）农业资源条件

1. 气候条件

格鲁吉亚是一个山国，大高加索山脉成为格鲁吉亚的天然屏障，使该国西部形成湿润的亚热带海洋性气候，东部温和而干燥。西部为湿润的亚热带海洋性气候，东部为干燥的亚热带气候。气候变化显著，海拔490～610米地带为亚热带气候，海拔2000米以上地带为高山气候，3500米以上终年积雪。降水量西部2800毫米，东部300毫米。全年最高气温在7—8月，为25.3℃，最低气温在1月，为2.5℃，年光照时间1350～2520小时。

2. 土地资源

国土面积6.97万平方千米。其中，土地面积694.9万公顷，农业用地239.4万公顷，耕地34.4万公顷，约占国土面积的4.9%；牧场194万公顷，约占国土面积的27.8%。全国一半以上的面积处于海拔1000米以上。边境线长214.8万千米，其中陆地边境线183.9万千米。南北山麓地带是水果、茶和其他经济作物的生产区和牧区，中间的低地和平原则是葡萄、谷物和其他农作物的主要种植区和肉、奶主要产区。

3. 水资源

水力资源丰富，矿泉水闻名独联体及中东欧国家。格鲁吉亚有14条主要河流，主要有Mtkvari、Chorokhi和Alazani，其中Mtkvari长1364千米，面积达18.8万平方千米。有8座水库和9座湖泊在运行，主要湖泊包括Pravani（37.5平方千米）、Kartsakhi（26.3平方千米）。2016年水资源总量为370亿立方米。

（二）农业生产情况

畜牧业产值比重高于种植业。目前种植业产值约占农业产值的比重从2006年的43%增至2007年的47%后回落至2012年的39%，2017年为44.8%；畜牧业产值占比从2006年55%降至2017年49.5%。服务业产值比重从2.7%增至5.7%。目前格鲁吉亚农业生产水平不高，肉、奶制品、蔬菜、水果都要大量进口。

1. 农业产值规模及构成

格鲁吉亚农业GDP结构见表3。

表3 格鲁吉亚农业GDP结构　　　　　　　　　　（单位：%）

年　份	2006	2007	2008	2009	2010	2011	2012	2013	2014	2015	2016	2017
农业	100	100	100	100	100	100	100	100	100	100	100	100
种植业	43	47	42	42	42	46	39	44	48	44	43	45
畜牧业	55	51	56	55	55	50	57	52	48	50	51	50
服务业	3	3	3	3	3	4	4	4	5	5	6	6

数据来源：格鲁吉亚统计局

2. 主要农产品产量

自然条件优越，适合种植多种谷物、蔬菜和水果，但生产率水平不高。

（1）种植业

农作物以春季作物为主，总种植面积呈现下降趋势。2006年全国总种植面积33.02万公顷，2017年降至22.03万公顷。其中，春季作物种植面积从2006年的25.36万公顷降至2017年的16.66万公顷，冬季作物种植面积从7.66万公顷降至5.36万公顷。主要谷类作物是小麦和玉米，单产水平较低，以春季播种为主，播种面积总体下降。春季作物中以谷物和豆类种植为主，面积从2006年的15.08万公顷降至2017年的10.83万公顷。玉米播种面积从2006年的12.91万公顷降至2017年的8.48万公顷；小麦播种面积从5.87万公顷降至4.48万公顷。蔬菜作物面积从5.64万公顷降至3.70万公顷。

农作物单产不高，但总体呈增加趋势。春小麦单产从2006年的1.2吨/公顷增至2017年的2.0吨/公顷；玉米单产从2006年的1.8吨/公顷增至2016年的2.6吨/公顷，2017年大幅下降，为1.8吨/公顷；蔬菜单产从2006年的6.6吨/公顷增至2017年的7.3吨/公顷。

小麦、大麦和瓜类产量总体呈现增加趋势，但玉米和蔬菜产量呈下降趋势（表4）。小麦产量从2006年的6.97万吨增至2016年的12.66万吨，2017年大幅下降，为9.79万吨；玉米产量从2006年的21.74万吨增至2013年的36.39万吨。2017年大幅下降，为14.35万吨；马铃薯产量从2006年的16.87万吨增至2013年29.66万吨后回落，2017年为18.01万吨；蔬菜产量从2006年的17.97万吨增至2013年的20.48万吨后回落，2017年为12.59万吨。

表4　2006—2017年主要作物产量　　　　　　　　　　　　（单位：万吨）

年份	小麦	大麦	玉米	扁豆	马铃薯	蔬菜	瓜类
2006	6.97	3.06	21.74	0.76	16.87	17.97	3.78
2007	7.49	4.03	29.58	1.05	22.92	19.03	7.35
2008	8.03	4.93	32.82	1.16	19.34	16.50	5.28
2009	5.39	1.99	29.10	1.02	21.68	17.03	4.37
2010	4.84	2.33	14.11	0.58	22.88	17.57	4.09
2011	9.68	3.03	26.96	0.89	27.39	18.58	4.28
2012	8.07	2.07	26.70	0.96	25.20	19.85	3.67
2013	8.10	3.50	36.39	1.05	29.66	20.48	6.64
2014	4.75	2.67	29.16	0.76	21.53	15.36	8.61
2015	12.56	4.09	18.46	0.55	18.65	15.23	7.25
2016	12.66	4.72	24.37	0.58	24.90	14.17	7.28
2017	9.79	4.39	14.25	0.56	18.01	12.59	8.01

数据来源：格鲁吉亚统计局

（2）畜牧业

畜牧业的主要品种为牛、绵羊、猪和家禽，绵羊和家禽产能增加，牛和生猪产能下滑

（表5）。牛存栏量从2006年的108.03万头增至2013年的122.97万头，2014年开始持续下降，2017年为90.97万头。其中奶牛存栏从2006年的59.12万头增至2013年的64.11万头，2017年降至47.74万头。猪的存栏最近10年降幅达50%以上，从2006年的34.35万头降至2017年的15.07万头。绵羊和家禽的存栏量近几年则增长较快，分别从2006年的69.68万只和540.07万只增至2017年的85.59万只和838.60万只，增幅分别为22.8%和55.3%。

肉类和奶类总产量总体下滑（表5）。肉类产量2006年为8.33万吨，2017年降至为6.62万吨，其中牛肉2.14万吨，猪肉1.55万吨，禽肉2.23万吨，羊肉0.67万吨。奶类产量总体下降，从2006年的6.06亿升降至2017年的5.28亿升。蛋产量增速较快，从2.49亿枚增至6.00亿枚。

表5 2006—2017年格鲁吉亚畜产品产量 （单位：万吨，亿升，亿枚）

年 份	2006	2007	2008	2009	2010	2011	2012	2013	2014	2015	2016	2017
肉类	8.33	7.3	5.73	5.43	5.64	4.93	4.26	4.84	5.93	6.67	6.61	6.62
牛肉	3.3	3.13	2.51	2.92	2.67	2.13	1.62	2.02	2.28	2.44	2.15	2.14
猪肉	3.11	2.14	1.14	0.82	1.28	1.16	1.18	1.49	1.73	1.87	1.61	1.55
羊肉	0.76	0.75	0.75	0.41	0.49	0.40	0.25	0.28	0.41	0.48	0.46	0.67
禽肉	1.12	1.24	1.29	1.24	1.16	1.20	1.17	1.01	1.46	1.84	2.35	2.23
奶	6.06	6.25	6.46	5.51	5.88	5.82	5.90	6.05	5.89	5.66	5.40	5.28
蛋	2.49	4.38	4.38	4.31	4.45	4.83	4.74	4.95	5.52	6.03	5.90	6.00

数据来源：格鲁吉亚统计局

（3）渔业

水产品产量总体下降，以捕捞渔业为主。2010年水产品达到4.65万吨，之后持续下降到2015年的1.27万吨，2016年恢复至3.07万吨，其中远洋捕捞水产品产量为3.01万吨（表6）。

表6 2000—2016年渔业产量 （单位：吨）

年 份	2010	2011	2012	2013	2014	2015	2016
总量	46519	27197	12720	12720	12740	12740	30748
捕捞水产品	46037	26520	12049	12050	12070	12070	30078

数据来源：FAOstat

（4）林业

大部为山地，森林资源丰富。为了确保森林资源可持续利用，格鲁吉亚林业部门对取得采伐权的企业指定采伐区域，因此原木产量总体呈下降趋势，从2010年的87.67万立方米降至2012年的51.88万立方米，之后有所回升，2016年为62.80万立方米（表7）。

表7　2010—2017年格鲁吉亚木材产量　　　　　　　　　　（单位：万立方米）

年　份	2010	2011	2012	2013	2014	2015	2016
产量	87.67	68.17	51.88	72.30	68.72	71.23	62.80

数据来源：格鲁吉亚统计局

3. 主要农业生产布局

（1）种植业

农作物主要集中于卡赫基州（Kakheti），2017年播种面积为7.61万公顷，占总播种面积的34.5%，该地区还是葡萄最主要产区。伊梅列季（Imereti）、萨梅格列罗－上斯瓦涅季亚州（Samegrelo-Zemo Svaneti）、萨姆茨赫－扎瓦赫季州（Samtskhe-Javakheti）、克维莫－卡尔特里州（Kvemo Kartli）和什达－卡尔特里州（Shida Kartli）面积相差不大，2017年种植面积分别为2.86万公顷、2.49万公顷、2.42万公顷、2.97万公顷和2.31万公顷，占总播种面积的13.0%、11.3%、11.0%、13.5%和10.5%。

（2）畜牧业

肉牛养殖主要集中伊梅列季（Imereti）、萨梅格列罗－上斯瓦涅季亚州（Samegrelo-Zemo Svaneti）、克维莫－卡尔特里州（Kvemo Kartli）和萨姆茨赫－扎瓦赫季州（Samtskhe-Javakheti），2017年存栏分别为16.66万头、17.55万头、14.88万头和10.35万头，分别占总存栏18.3%、19.3%、16.4%和11.4%。绵羊集中在伊梅列季（Imereti），2017年存栏49.98万只，占总存栏58.4%。家禽业以克维莫－卡尔特里州（Kvemo Kartli）为主，2017年存栏364.19万只，占总存栏43.4%。

（三）农产品贸易情况

1. 主要农产品贸易规模

农产品贸易呈逆差。农产品贸易总额从2000年的1.69亿美元持续增至2013年的13.53亿美元，之后回落，2017年为11.70亿美元。其中，出口额约占总出口额的10%～20%。2000年农产品出口额为0.39亿美元，2013年增至3.26亿美元后下滑，2017年为2.47亿美元；2000年进口额为1.30亿美元，2013年增至10.27亿美元后回落，2017年为9.23亿美元（表8）。

表8　2000—2017年格鲁吉亚农产品出口额　　　　　　　　　　　（单位：亿美元）

年　份	农产品进口额	农产品出口额
2000	1.30	0.39
2001	1.27	0.28
2002	1.29	0.42
2003	1.72	0.74
2004	3.35	0.99
2005	3.87	1.36
2006	5.12	1.11
2007	7.08	1.47
2008	7.77	1.02
2009	6.29	1.47
2010	7.71	1.52
2011	9.67	1.94
2012	10.27	2.08
2013	10.27	3.26
2014	9.98	2.98
2015	8.36	2.79
2016	8.36	3.06
2017	9.23	2.47

数据来源：格鲁吉亚统计局

2. 主要进口农产品

主要进口农产品为小麦、糖、禽肉、鱼、蔬菜和水果等。小麦进口量从2000年20.85万吨增至2012年的89.76万吨后回落，2017年为51.49万吨；糖类进口量从2000年的10.68万吨增至2005年的30.09万吨后回落，2017年为14.82万吨；禽肉进口量从2000年的1.65万吨增至2017年的5.04万吨；植物油进口量从2000年的0.54万吨增至2017年的4.18万吨；蔬菜和水果进口量分别从2000年的0.86万吨和0.76万吨增至2017年的9.34万吨和6.31万吨（表9）。

表9　2000—2017年格鲁吉亚主要农产品进口量　　　　　　　　　（单位：万吨）

年　份	小　麦	糖	禽　肉	鱼	蔬　菜	水　果
2000	20.85	10.68	1.65	0.28	0.86	0.76

(续表)

年份	小麦	糖	禽肉	鱼	蔬菜	水果
2001	9.81	11.10	1.48	0.29	2.68	1.02
2002	16.92	18.70	2.16	0.35	1.67	1.16
2003	19.26	27.31	1.94	0.50	1.92	1.12
2004	38.60	22.03	1.60	0.93	1.53	1.30
2005	31.95	30.09	1.87	1.48	2.55	1.24
2006	58.07	19.12	1.55	1.87	7.44	2.08
2007	55.99	25.28	2.68	2.09	10.93	2.28
2008	33.88	15.79	3.59	2.26	8.99	2.42
2009	52.11	10.49	3.83	1.87	7.03	2.53
2010	73.61	12.43	4.01	2.12	6.15	2.80
2011	62.39	12.51	4.42	2.15	12.09	4.61
2012	89.76	14.47	4.39	2.10	8.68	3.84
2013	65.46	13.59	4.30	2.31	8.19	5.07
2014	56.68	12.74	4.53	2.13	11.34	6.99
2015	53.89	13.44	4.09	2.14	10.05	5.54
2016	45.63	13.35	5.33	2.12	11.90	5.92
2017	51.49	14.82	5.04	2.20	9.34	6.31

数据来源：格鲁吉亚统计局

3. 主要出口农产品

主要出口产品为蔬菜、水果、矿泉水和葡萄酒。从出口量来看，蔬菜出口量总体增加，从2000年的0.16万吨增至2017年的5.28万吨；水果出口量从2000年的1.02万吨增至2017年的3.73万吨。其他主要出口产品主要为饮品，其中矿泉水出口量从2000年的0.36亿升增至2017年的1.47亿升，葡萄酒从0.16亿升增至0.58亿升（表10）。

表10　2000—2017年格鲁吉亚主要出口农产品出口量　（单位：万吨，亿升）

年份	蔬菜	水果	矿泉水	葡萄酒
2000	0.16	1.02	0.36	0.16
2001	0.04	0.56	0.40	0.17
2002	0.10	0.98	0.66	0.17
2003	0.07	1.35	0.76	0.24

(续表)

年　份	蔬　菜	水　果	矿泉水	葡萄酒
2004	0.23	0.76	0.75	0.23
2005	0.30	1.40	1.20	0.42
2006	0.39	2.47	0.69	0.15
2007	0.18	2.22	0.44	0.09
2008	0.53	3.89	0.49	0.11
2009	0.51	2.75	0.41	0.10
2010	2.13	3.05	0.59	0.13
2011	0.81	2.94	0.72	0.17
2012	0.83	2.59	0.89	0.20
2013	2.11	4.15	1.28	0.36
2014	1.22	3.09	1.47	0.46
2015	0.83	3.07	1.02	0.27
2016	2.45	4.19	1.17	0.38
2017	5.28	3.73	1.47	0.58

数据来源：格鲁吉亚统计局

4．中国与其贸易情况

格鲁吉亚和中国农产品贸易净进口，出口高度集中于饮品。格鲁吉亚自中国进口农产品贸易额从2008年的1897.44万美元增至2017年的3182.08万美元；出口额从2008年的37.82万美元持续增至2017年1906.72万美元。农产品进口以畜产品、粮食产品、蔬菜和水产品为主，出口集中于饮品。2017年进口畜产品1148万美元，油籽293万美元，其他农产品7267万美元，蔬菜386万美元，水产品232万美元；出口以饮品为主，2017年出口额1888万美元。

表11　2008—2016年格鲁吉亚—中国农产品贸易额　　　　（单位：万美元）

年　份	进　口	出　口
2008	1897.44	37.82
2009	1269.68	87.95
2010	2118.72	100.28
2011	3269.01	273.72
2012	2871.95	342.61

（续表）

年 份	进 口	出 口
2013	3032.86	441.96
2014	3657.59	463.52
2015	2909.90	613.05
2016	3172.36	1257.91
2017	3182.08	1906.72

数据来源：中国海关统计

（四）农业科技发展

1. 农业科研机构

农业科技机构主要由国家级农业研究所和大学组成。其中，格鲁吉亚农业科学院（Georgian Academy of Agricultural Sciences）成立于1957年，是由国家出资成立的具有自主权利的自主农业研究机构；葡萄业生产、加工等管理和调控由国家葡萄酒管理机构负责。此外，还有一些农业大学和研究所负责农业研发及人才培养，譬如格鲁吉亚州立农业大学（Georgian State Agrarian University）、科尔希达遗传研究所（Genetic Institute of Kolkhida）、格鲁吉亚科学院（Georgian Academy of Sciences）、国家疫病防控中心、园艺 & 葡萄栽培和酿酒研究所、Vasil Gulisashvili 林业研究所等。

2. 农业科技发展状况

当前情况下，格科技创新能力较弱，科研经费支出较少。2018年格创新能力指数在全球126个国家中排名53位，其中创新投入排名53位，成果指数排名62位。格鲁吉亚农业科学院已经培育了100多种新的农业作物和牲畜，开发了数十种食品优势产品，研发了一年生、多年生作物的资源节约技术，用于茶叶的种植、收割和加工的50种新的机械和技术设备。此外，格鲁吉亚在葡萄酒研究和酿造教育上在独联体首屈一指。葡萄酒研究所成立于1930年，是苏联最大的最有成果的研究所，现在仍是最具权威的研究所。格鲁吉亚设有国家品酒委员会，建立了4个国际认可的葡萄酒实验室，制定了葡萄酒质量标准、葡萄酒质量检验规定和程序。

（五）农业管理体系与政策

1. 农业管理体系

格鲁吉亚农业部负责建立和实施农业发展政策，支持农业合作，促进初级农产品和食品的加工，支持出口，提高格在国际市场的竞争力。同时为企业提供咨询服务、推动其能力建设，提供培训。负责农药、化肥注册，动植物新品种监测，农业设施和技术更新。预测未来农药和化肥的需求，推动其应用。其下属 8 个机构：国家食物管理机构、国家葡萄酒管理机构、农业部实验室、农村农业发展合作管理机构、项目管理机构、格鲁吉亚革新公司联合体系、农业科研中心和 Meqanizatori。

2. 农业支持政策

格鲁吉亚政府实行的一整套农业改革政策。主要包括：土地改革，涉及国有农业用地进行私有化；土地市场的发展，允许可耕土地买卖，刺激并吸引国外投资者来格鲁吉亚投资农业；税收，低于 5 公顷的土地财产税规定已被废除，废除土地交易税并取消了所得税和增值税，初次销售农产品免征增值税，对于农用及其他设备免征进口税；农业基础设施，供应系统和服务相关改革。格鲁吉亚农业部 2013 年推出支持农产品加工的农业低息信贷项目，11 家商业银行参与，贷款利息由格鲁吉亚农业项目管理局补贴。

3. 农业发展规划

2014 年 7 月格农业部发布"格农业发展战略 2014—2020"，该战略以提高格农业竞争力、稳定产量、确保食品安全和减少贫困为愿景。具体有六大措施：一是增强竞争力，包括发展土地市场、推动农户加入农业组织、推广农业保险、为国际投资者提供信息等；二是提高农产品附加值，包括扶持本土品牌、发展农产品仓储、加工和包装业，建立农业市场信息系统；三是提高农业知识，包括推广农业机械化和培训、收集农业数据；四是推动地区农业基础设施建设，包括兴建农产品批发、零售市场，建立现代化的农产品集散系统；五是确保食品安全，对农产品生产实行全年监控、控制农产品进出口、提高产品质量、加强动植物检疫；六是重视环保，恢复退耕、退牧土地的自然环境，推进有机农业发展。

三、农业投资环境

（一）国家商业环境

在世界银行发布的《2018 营商环境报告》中，格鲁吉亚经商环境在 189 个国家／地区中排名第 9 位；地处欧亚之间优越的战略地理位置和拥有黑海波季、巴统两个港口；相对稳定的宏观经济环境；有竞争性的贸易制度；低税赋；世界领先的自由劳动就业制度；简化的执照和许可程序；积极的私有化政策；自由的金融体制和政府坚决打击腐败的措施等。《2018 年全球经商环境报告》数据显示，格鲁吉亚在"设立新企业"简易指标排名全球第 4 位，非常方便。根据世界经济论坛《2017—2018 年全球竞争力报告》，格鲁吉亚在全球最具竞争力的137个国家和地区中排名第67位，在劳动力市场效率方面全球排名第53位。

（二）农业优势与潜力

格鲁吉亚是一个农业国，有22种微气候，这些多样的微气候使得收获季节更长和生长条件更广泛。位于河谷地带土壤来自火山，相当肥沃和相当容易栽培。格鲁吉亚有大量的农村劳动力人口，劳动力价格优势明显，能源和天然气投入成本低。

在苏联时期，格鲁吉亚优质食品就闻名于世，食品饮料在独联体地区仍被公认为是健康、高品质的品牌。农产品贸易占其贸易的17.5%，是政府当前优先发展领域之一，已启动系列农业发展项目如土壤改良、农民培训、财政扶持计划等。格鲁吉亚是连接欧亚的枢纽，具有重要的地理和贸易区位优势。总体来说，格鲁吉亚农业基础良好，非常适合农作物和水果生长，并且农产品质量高，但农业生产技术水平不高，农产品不能自给自足，本国市场容量不大。从区域重要性来看，格鲁吉亚是中东欧具有吸引力的经济合作伙伴，已经与欧盟签署了联系国协定，其产品可以免税进入欧盟。格鲁吉亚经济社会发展增速稳定，农业、食品加工业和农业基础设施等领域还有很大合作空间，可以通过与格鲁吉亚合作带动中国与整个中东欧的农业合作。

（三）风险分析

1. 制度风险

宏观经济环境稳定。国际评级机构对格鲁吉亚的主权信用长期维持着展望为稳定的评级。格政府也锐意进行改革，相对高效和清廉，重视发展商业和经济，过去5年世界银行都将格评为改革国家中的第一位。在营商环境和经济自由度方面，格鲁吉亚也取得了很大的进步，经济自由度世界排名从99位上升到2017年的8位。

2. 经济风险

经济受国际经济环境影响较大。格鲁吉亚2014年以来经济增长继续放缓，出口不振，贫困问题较为突出，仍为困扰政府的社会不稳定因素。此外，本国市场容量较小，主要依靠辐射周边国家，发展转口贸易。格鲁吉亚总人口体量小，属于中低收入国家，人均消费水平低。官方统计失业率为13.9%，实际失业率超过这一数字。此外，外部环境失衡严重以及财政政策的低可信度使得格鲁吉亚面临更大的风险。目前经济的主要挑战是赤字较高，经济的高度美元化。格鲁吉亚经济比较依赖政治氛围，政治环境的变动将会影响经济的发展。此外，高失业率和减贫也是政府需要解决的问题。

3. 基础设施风险

基础设施条件有待改善。近年来，格鲁吉亚政府为改善投资环境，加大了对基础设施的投入，特别是在公路、港口、空运和通信方面，基础设施条件得到明显改善。公路总长20329千米，但现在还没有封闭式高速公路，公路状况普遍一般。铁路总长2344千米，全部为电气化路段。土耳其、阿塞拜疆和格鲁吉亚三国联合修建的巴库—第比利斯—卡尔斯铁路项目已经基本完工。在黑海有波季和巴统2个港口，通往世界多个港口。格鲁吉亚大力发展水电，电力供应除满足本国经济和社会发展需要外，还能向周边国家出口。

（四）总体评价

在欧亚地区，格鲁吉亚是投资合作环境最好的国家之一。从投资环境吸引力角度考虑，格鲁吉亚主要竞争优势有：格鲁吉亚国内营商环境较好，政治稳定，经济较快增长，包括有竞争性的贸易制度、低税赋、世界领先的自由劳动就业制度、简化的执照和许可程序、积极的私有化政策、自由的金融体制和政府坚决打击腐败的措施等；地处欧亚之间优越的战略地理位置和拥有黑海波季、巴统两个港口，能够辐射中东欧，进入欧盟市场。

四、中格农业合作现状与合作重点

（一）合作现状

1. 合作机制

中格合作机制已经建立。截至目前，中、格两国政府签订的双边协定/协议主要有：《经济贸易协定》（1993年6月3日）、《关于鼓励和相互保护投资的协定》（1993年6月3日）、《科学技术合作协定》（1993年6月3日）、《农业和食品工业合作协定》（1993年6月3日）、《中国人民银行与格鲁吉亚国家银行间协议》（1993年6月3日）、《关于成立经济贸易合作委员会的议定书》（1999年8月4日）、《经济技术合作协定》（2001年4月13日）、《关于避免双重征税和防止偷漏税的协定》（2005年6月22日）。2015年7月两国农业部召开了中格农业合作第一次工作组会议，就深化中格农业合作交换了意见并达成广泛共识，标志着中格两国农业机制化合作开启了新的起点。在现有合作机制下，重点加强茶叶、葡萄种植与加工合作及优质种质资源交换，创建平台促进双边农产品贸易，促进现代农业灌溉体系、水稻种植与生产、温室基础设施、农机、养蚕、果蔬等领域农业科技交流与合作，在贸易与投资方面达成广泛共识。

2. 科技合作

建立了农业科技合作机制。葡萄酒已经被格鲁吉亚列为涉华机构的第一要务。2015年7月13日，中国食品发酵工业研究院成立了"格鲁吉亚葡萄酒（中国）推广中心，在格鲁吉亚国家葡萄酒局及格鲁吉亚酿酒协会的支持下，依托研究院的技术背景和资源优势，致力于葡萄酒和葡萄酒文化的推广、消费者教育及贸易促进。在此基础上，格鲁吉亚制订了长期而翔实的发展计划，加强双方葡萄酒产业方面的交流，促进双方在葡萄酒产业领域的共同进步。此外，中格双边培训项目围绕渔业技术、贸易和投资合作，开展水产饲料、鱼类养殖管理和病害防治等渔业领域的合作。

3. 贸易合作

两国贸易合作机制取得重大突破。中格经贸关系持续健康发展，中国已成为格第三大贸易伙伴。《中华人民共和国政府和格鲁吉亚政府自由贸易协定》于2018年1月1日正式生效，是"一带一路"倡议提出后我国启动并达成的首个自贸协定。根据《协定》，双方对绝大多数货物贸易产品相互取消了关税，对众多服务部门相互作出了高质量的市场开放承诺，并完善了知识产权、环境保护、电子商务和竞争等规则，有利于全面提升两国务实合作水平，实现共同繁荣。

4. 投资合作

格鲁吉亚和中国两国农业经贸合作机制不断完善。由格鲁吉亚经济与可持续发展部、中国国际商会主办的中格企业经贸合作投资论坛于2018年7月在上海举行，就能源、电力、港口码头和机场等物流设施及地产、银行金融等多个领域合作进行了深入交流和对接。中国是格鲁吉亚第六大国际直接投资来源国，但中国对格农业投资较少。2016年5月格鲁吉亚农业部、格鲁吉亚伙伴基金、华凌国际经济特区和北京金丰恒业农业发展有限公司签署了"格鲁吉亚茶工商文旅综合体项目"备忘录，致力于在格鲁吉亚四大片区深度修复荒废茶园、种植新茶园、开展规范化茶园种植、恢复振兴格鲁吉亚茶叶。

（二）合作潜力

1. 合作基础

农业在中国和格鲁吉亚国民经济中都占有重要地位，深化农业领域合作，扩大农业科技交流，推进农业投资合作已成为双方共识。中格两国农业各有特色，中格两国农业合作具有较大潜力。中格两国在葡萄酒、渔业、种植加工和蔬菜等领域开展了广泛的交流与合作。中国是格鲁吉亚第三大进口市场，仅次于土耳其和俄罗斯。中国是格鲁吉亚第六大出口市场，前5位分别是阿塞拜疆、保加利亚、土耳其、亚美尼亚、俄罗斯。中国成为格鲁吉亚第四大葡萄酒出口国。格鲁吉亚是连接欧亚商贸的中转地，是前往欧洲以及东欧的商贸门户，未来市场的辐射广，前景光明。

2. 合作前景

格鲁吉亚在"一带一路"中具有重要地理位置，且农业资源丰富。以格鲁吉亚作为带动中东欧农业合作的桥头堡，把格鲁吉亚作为农产品加工、销售基地，利用优越的国际贸易制度，产品可以直接进入西亚、南亚及欧美市场。格鲁吉亚政府迫切希望利用外资来发展本国农业，我国具有技术、资金和人才，具有较好的互补性，合作潜力较大，格鲁吉亚在渔业、温室果蔬种植、食品加工、葡萄酒贸易、饮料加工和肉制品生产加工等方面需求较大，中国在这些领域拥有技术和产业规模优势，双方具有较大的合作潜力。

（三）合作重点

1. 重点领域

果蔬等农业技术合作以及食品加工投资、饮品贸易是中格合作重点领域。格鲁吉亚农场平均面积为1.55公顷，大田作物为主导致了蔬果供应呈现明显的季节性。大多数农产品在收获季节都很便宜，而在非收获季节则相当昂贵，主要蔬菜如西红柿、黄瓜、洋葱、大蒜、土豆、茄子等以及浆果（蓝莓、树莓等）需要进口，且需求量每年都在增加。由于缺乏专门技术、充足的技术和资金，大多数当地生产商的生产效率普遍低下。除了不断增长的国内市场外，格鲁吉亚还有机会向中东和欧洲出口新鲜蔬菜/水果。因此，格鲁吉亚需要现代温室生产技术，减少对蔬菜和水果季节性的依赖，全年提供产品。食品加工领域是格鲁吉亚政府最优先考虑的领域之一，通过农业项目管理署（APMA）对该领域进行补贴，坚果、柑橘、苹果、核果和绿叶蔬菜的加工及葡萄酒潜力最大。格鲁吉亚多样的自然条件为优质葡萄酿造的发展创造了最好的环境，除了525个本土葡萄品种外，还有许多国外品种，在产量和葡萄酒品质都很高，出产的葡萄酒口味独特，此外主要产品还有白兰地和伏特加，随着中国需求增加，未来饮品贸易将会继续增加。

2. 重点产业

（1）食品加工业

格鲁吉亚的农产品以其过硬的质量获得世界的认可和消费者的喜欢。格鲁吉亚的农作物（葡萄酒、榛子、水果、果汁、茶叶、蔬菜等）和饮料已经打进了欧美市场，但附加值较低。中国在温室蔬菜种植以及食品加工方面已经具有领先技术，而格鲁吉亚具有丰富的自然资源和廉价人工成本，因此生产成本较低。格鲁吉亚农场小，个体家庭经营为主，在育种、物种选择、资源管理等方面缺乏现代和有效的方法，其消费的牛肉、猪肉和家禽中约有25%来自进口。通过畜牧业生产和加工合作，能够提高格鲁吉亚畜牧业生产水平，提高产品附加值，在第一阶段供应当地市场，并作为下一步在该地区进行分销，打开欧洲市场。

（2）农业科技合作

格鲁吉亚农作物单产水平较低，粮食产量起伏较大，中格两国在种质资源交换、农作物育种、植保、设施农业、生物技术、有害物综合治理、畜牧与兽医科学等领域的农业科技合作富有潜力。加强在粮食、茶、园艺、畜牧兽医等重点研究领域的合作的同时，加强科学家，特别是青年科学家的交流互访和能力建设，依托已经建立的援助合作项目，作为农业科技展示园，为格鲁吉亚培养农业科技人才。

五、中格农业合作建议

（一）以农产品贸易带动农业投资

利用面向欧美自由贸易的地理优势，中格农业合作应该重点围绕以农产品贸易带动投资等方面开展。目前，国内农产品加工等生产企业已经具备一定实力，而这些产品消费在格鲁吉亚具有一定市场需求，同时可以辐射东亚和欧洲，市场需求量相对较大。因此，通过技术援助、贸易合作和投资合作，在满足格鲁吉亚市场需求的同时，以格作为贸易加工基地，提高中国在西亚和欧洲的贸易影响力。

（二）以西部省份作为中国向西开放的桥头堡

作为中国向西开放的桥头堡，西部省份有着与中亚毗邻、与格鲁吉亚距离最短的优越区位优势。西部地区紧邻中亚各国，与中西亚各国有长期的经贸往来，对外贸易优势最大。新疆等省市可以辐射西部省份，将新疆进一步发展为国际公铁联运、发展对外贸易、推动产业联动中心，充分利用格鲁吉亚自贸区网络建设和中格自由贸易协定，推动扩大对格贸易，能够引导整个西部省份与西亚和中东欧的农业合作。

参考文献

郭静利，盛彩娇，李思经.2017."一带一路"农业科技走出去的政策思考[J].中国农业科技导报，（11）：1-7.

李萍.2018.我国企业对外直接投资的发展及策略研究[D].南京：中共江苏省委党校.

王晓睿.2018.中国与格鲁吉亚自由贸易区贸易效应研究[D].北京：外交学院.

吴文博.2016-05-30.葡萄酒搭建中格农业沟通桥梁[N].农民日报.

阿塞拜疆

阿塞拜疆共和国，简称阿塞拜疆，阿拉伯语意为"火之国"，是东欧和西亚的"十字路口"。首都巴库是全国政治、经济、文化中心，是古代丝绸之路上的重要枢纽之一。阿塞拜疆自然资源丰富，经济比较发达，石油产业是阿塞拜疆的重点产业，尤其以里海油气开发为主，同时大力发展新能源产业、工业、旅游业、服务业和农业。阿塞拜疆国内政局比较稳定，政策可持续性强，截至2017年4月，已有80家中国企业在阿塞拜疆从事工程承包、通信和油气开采等经济活动，与中国具有较大的合作前景。

一、国家基本概况

（一）地理及行政区划

阿塞拜疆处于欧洲和亚洲的交界处东部，北纬38°至42°，东经44°至52°，东部是里海，与土库曼斯坦、哈萨克斯坦相望，西部是亚美尼亚、格鲁吉亚，南部是土耳其和伊朗，北部是俄罗斯，纳西切万自治共和国属于其飞地，被土耳其、伊朗和亚美尼亚环绕，高加索山穿越其全境，海岸线长456千米，面积为8.66万平方千米。

阿塞拜疆具有阿布谢隆区、阿姆达姆区等66个行政区，以及纳希切万自治共和国1个自治共和国，全国共有70个城市，包括13个市级区。巴库是阿塞拜疆最大的城市，巴库由巴库市和40个卫星城构成，人口占阿塞拜疆的四分之一。同时，巴库是里海最大港口中重要的航空、航运和铁路枢纽，位于阿普歇伦半岛南部，是石油工业中心，素有"石油城"之美誉。占贾市是阿塞拜疆第二大城市，苏姆盖特市是第三大城市，以化工产业为主，是主要的工业基地。

阿塞拜疆属东4时区，首都巴库当地时间比北京时间晚4个小时，2016年3月17日阿塞拜疆政府通过131号决议，决定取消冬、夏时令营。

（二）人口状况

截至2017年12月，阿塞拜疆总人口达986.24万人。其中，城市人口占55.3%，农村人口占44.7%，男性占49.8%，女性50.2%。阿塞拜疆人口自2000年来不断增加，从804.86万人增加至2017年的986.24万人，人口增长率在2008年达到顶峰，为2.1%，随后基本稳定在1.2%左右（图1）。

在城市分布方面，首都巴库人口约300万人，占贾市和苏姆盖特市人口均达30万人，其余城市人口均低于10万人。阿塞拜疆有43个民族，91.0%以上的人为阿塞拜疆族，其次为列兹根族、俄罗斯族、亚美尼亚族和塔雷什族。2014年，阿塞拜疆成人总体识字率为

99.9%，中学入学率为 88.0%，高等院校入学率为 23.2%。2014 年，阿塞拜疆的劳动力人口为 495 万人，其中农业就业人数占全部就业人数的 36.8%。

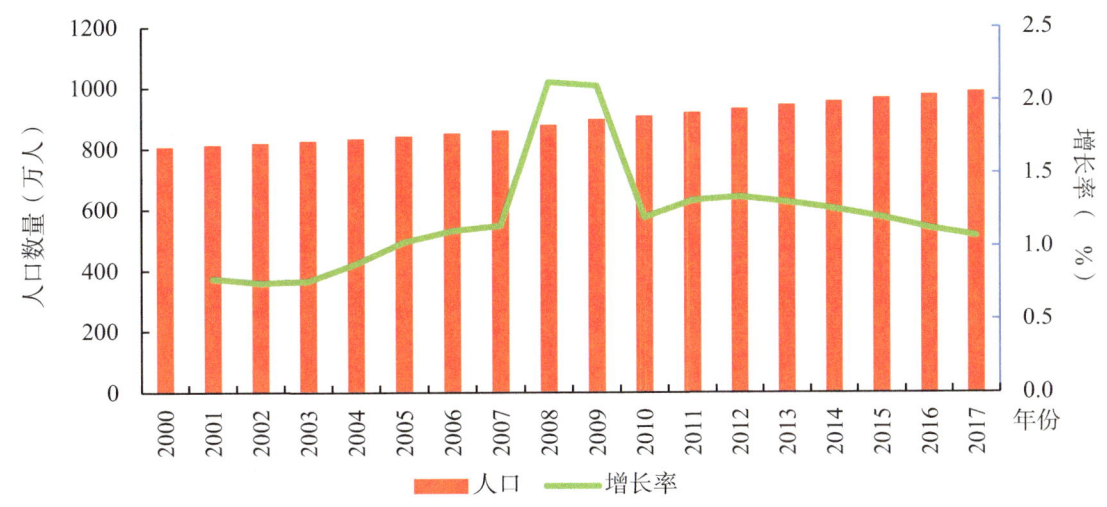

图 1　2000—2016 年阿塞拜疆人口总数及人口增长率

数据来源：世界银行

（三）宗教与语言

阿塞拜疆居民主要信仰伊斯兰教，目前总人口 80% 以上为穆斯林，此外还有东正教、犹太教、天主教等，不强调教派间差异。2001 年 6 月，成立了国家宗教机构事务委员会，负责管理各种宗教事务。1995 年全民公决通过的阿塞拜疆共和国宪法第 21 条规定，阿塞拜疆的国语是阿塞拜疆语。阿塞拜疆语也是官方语言，目前全球阿塞拜疆语的使用者数量超过 3000 万。阿塞拜疆语属于阿尔泰语系、突厥语族、西匈语支，共有 4 个方言区：东部方言区、西部方言区、南部方言区、北部方言区。阿塞拜疆是一个多民族国家，其中，少数民族的语言按照地理位置可以划分为两类：北部和南部，根据语言系属分为四大类：阿尔泰语系、北高加索语系、印欧语系和南高加索语系。少数民族语里俄语的地位比较高，38% 的阿塞拜疆人掌握流利的俄语，全国有 300 多所俄语院校，2009 年巴库建立了独联体国家的第一家俄语书店。

（四）政治制度

公元 11—13 世纪，阿塞拜疆部族形成。历史上曾被伊朗统治，沙俄并入。1991 年 10 月 18 日，阿塞拜疆共和国宣告独立。在阿塞拜疆司法部注册的合法政党有 54 个，执政党为新阿塞拜疆党。

阿塞拜疆现行宪法于 1995 年 11 月 12 日经全民公决通过，之后在 2002 年、2009 年和 2016 年进行了部分条款的修订和补充。宪法规定，阿塞拜疆实行总统制，总统集国家元首、最高行政首脑、武装力量总司令于一身，任期 7 年，由全民选举产生。2002 年，宪法中修改总统当选票数为 2/3 的规定，改为半数通过。2009 年，宪法中取消了总统连任不得超过两届的限制。2016 年，宪法中将总统任期每届 5 年，延长至 7 年。

国民议会是最高立法机关，主要负责确定行政区划，制定、批准和废除法律条约，确定全民公决策等。第五届议会包括 10 个政党、125 名议员。阿塞拜疆的最高权力执行机构为内阁，内阁总理由总统提名、议会批准产生。法院包括宪法法院、最高法院、经济法院及各普通和专门法院，独立行使司法权。阿塞拜疆于 1991 年 10 月 9 日宣布成立武装力量，军队目前有兵力 9 万余人，其中陆军 8 万余人，海军 3000 人左右，空军 7000 人左右。

（五）社会和经济发展状况

阿塞拜疆是中高等收入国家。2003—2013 年，国内生产总值（GDP）年均增速达 11.5%，人均 GDP 居独联体第三，被称为"外高加索发展的火车头"。2012—2016 年，阿塞拜疆的经济增长率先增加后降低，2013 年达到最高，为 5.7%。但受全球经济低迷、油价低位运行、独联体国家经济衰退等因素影响，2014 年以来，经济增速放缓。2014 年、2015 年经济增长率分别为 2.8% 和 1.1%，2016 年经济首次出现负增长（表 1）。2017 年，阿塞拜疆名义 GDP 为 701.35 亿马纳特（约合 412.56 亿美元），实际 GDP 增长率为 0.1%。非油气领域 GDP 为 440.62 亿马纳特，增长 2.7%（占比 62.8%）；油气领域 GDP 为 260.73 亿马纳特，下降 5.0%。人均 GDP 为 7205 马纳特（约合 4238.24 美元），下降 0.9%。国民经济构成中，工业占 40.1%，汽车销售与维修 10.4%，建筑业 9.5%，运输仓储 6.8%，农业 5.6%，旅游和服务业 2.3%，信息通信 1.6%，其他 16.4%，税收 7.3%。

表 1　2013—2016 年阿塞拜疆主要经济指标

年　份	经济增长率（%）	GDP（亿美元）	人均 GDP（美元）
2012	2.2	687	7490
2013	5.7	736	7913
2014	2.8	752	7986
2015	1.1	518	5432
2016	−3.8	376	3898

资料来源：阿塞拜疆国家统计委员会

阿塞拜疆的工业以石油开采为主，是世界上首个从海底开采石油的国家。1899年，全球石油产量的一半都是在阿塞拜疆开采的，第二次世界大战时阿塞拜疆满足了苏联75.0%的石油需求量。石油加工在工业中也占有主导地位，近些年来，石油化学工业、机器制造业、有色冶金工业、轻工业、食品工业、纺织品工业都取得了很大的发展。据阿国家统计委员会数据显示，2016年阿塞拜疆工业生产产值下降0.4%。2017年，阿塞拜疆工业生产总值为396亿马纳特，同比下降3.4%。非油气领域工业生产值增加3.7%，油气领域产值下降4.7%。工业生产构成中，采矿业占69.9%，加工业占24.7%，电力、天然气和蒸汽生产和输送占4.6%，供水、废物处理和回收占0.8%。

二、农业发展现状

（一）农业资源条件

1. 气候资源

阿塞拜疆国内气候条件差异性较大。北部和西部处于山区，最低温度为-9℃，最高温度为12℃；东部和中部雨水较少，属于干燥性气候；东南部雨水较多，较为湿润。首都巴库最低气温为4℃，最高气温为27.3℃，全年多风。全国分为旱季和雨季，夏天干燥少雨，而秋冬季节多雨。境内全年降水量达500毫米，少部分高海拔山区，年降水量可达1000毫米。每年3月至11月，阿塞拜疆的阳光充足，日照时间较长，无霜期多达200天，有对于农作物的生产、收割等农事活动。

2. 土地资源

阿塞拜疆南部有小高加索山，北部有大高加索山，中部为库临卡盆地，地势南北高、中部低。全境一半以上为山地，主要有阿拉斯河和库拉河两大河流，耕地主要分布在两大河流的谷地，以及南部平原地带，土质以黏土为主。农业用地占比52.3%，森林面积占比12.0%，水系约占1.6%，可耕种与放牧的土地约有460万公顷，其中旱地约280万公顷，水浇地约178万公顷。

3. 水资源

阿塞拜疆水利资源比较丰富，但分布不均匀。北部山区和南部地区水源充足，但首都巴库却缺乏水源。库拉河及其支流为农业发展提供了便利的灌溉条件。阿塞拜疆的水利设施较为发达，但损坏较为严重。阿塞拜疆城市采用分类标准确定水价，居民用水较为便宜，约每立方米185马纳特，商业服务业约每立方米5300马纳特。

4. 生物资源

阿塞拜疆境内动植物资源丰富，有4100多种植物，约有1.2万种动物。主要的植物有白蜡树、各种灌木、鹅耳枥、三毛榉、橡树、合欢、黄杨、紫衫、吐加依林、艾蒿、猪毛菜等，主要的动物有高加索岩羚羊、小亚细亚盘羊、东高加索野山羊、狍子、豹子、马鹿、野山羊、狐狸、黑琴鸡、野鸡、山鹬、野猪、鹰、欧鳇、鲑鳟鱼、闪光鲟、里海拟鲤、鲱鱼、赤梢鱼等。

（二）农业生产情况

1. 农业产值规模及构成

2017年阿塞拜疆农业产值为65.80亿马纳特，同比增长4.2%。其中，畜牧业产值为35.61亿马纳特，同比增长2.7%；种植业产值30.19亿马纳特，同比增长5.2%。阿塞拜疆农业生产中，种植业和畜牧业并重，产值占比分别为54.1%和45.9%。

2. 主要农产品产量

阿塞拜疆是农业国家，主要农产品包括谷物、烟草、水果、蔬菜、茶叶等。2017年，生产肉类54.05万吨（同比增加3.2%），牛奶202.41万吨（增加0.7%），鸡蛋17.14亿枚（增加6.5%）。2017年收获马铃薯91.39万吨（增加1.3%），蔬菜140.56万吨（增加10.6%），瓜类作物43.81万吨（减少5.7%），水果95.48万吨（增加8.2%），葡萄15.28万吨（增加12.0%），烟草5213吨（增加45.4%），茶叶775.2吨（减少23.7%）。收获籽棉20.75万吨（增加2.3倍），甜菜42.22万吨（增加22.0%），葵花籽3.06万吨（增加75.2%）。每公顷土地收获粮食2980千克，比2016年的3060千克略有减少。

（1）种植业

全国有60%的耕地用于种植粮食作物。粮食作物以小麦、大麦、稻谷和玉米为主，豌豆、扁豆、豆类和其他作物在阿塞拜疆也有种植。自古以来，阿塞拜疆种植了各种不同种类的小麦，小麦在农业作物中占首位。非灌溉小麦生长于阿塞拜疆的山地和山麓，而灌溉的小麦生长在低地地区。大麦作物种植面积约占全麦种植区的1/3，与小麦种植面积基本相等。2010—2016年，小麦种植面积从65.65万公顷降至59.06万公顷，产量却从127.23万吨增加至179.99万吨，这主要得益于单产的提升，增幅为57.2%。水稻种植面积从1640公顷增加至2510公顷，产量从3930吨增加至5406吨，单产降低了10.1%。玉米种植面积从2.99万公顷增加至3.58万公顷，产量从13.61万吨增加至22.40万吨，单产增加了37.2%（表2）。

棉花是轻工业和食品工业的原料，同时大部分也用于出口。1982年，阿塞拜疆的棉花种植面积为最高峰，为305.90万公顷，1981年棉花产量为峰值831.20万吨，随后棉花播种面积严重萎缩。2010—2016年，棉花种植面积从3.02万公顷增加至5.08万公顷，增加68.2%，产量从3.82万吨增加至8.94万吨，增加134.0%，单产增加39.0%（表2）。

水果种植是阿塞拜疆农业的一个专门领域，它涵盖了干果（苹果、梨、木瓜、枸杞等）、核果（樱桃、酸樱桃、桃、杏、李子、刺、荼荑等）、果实（核桃、榛子、板栗、山核桃、杏仁、开心果等）、亚热带水果（柿子、石榴、无花果、橄榄、琵琶、猕猴桃等）和柑橘类水果（柠檬、柑桔、橙、葡萄柚等）。阿塞拜疆境内有近14.40万公顷的果园和浆果园，2014年果园面积增加4.7%，柠檬园总面积增加5.7%，石榴园总面积约2.10万公顷。此外，苹果园增加3.2%，榛子果园增加67.0%，桃园增加11.2%。阿塞拜疆现有1009公顷的茶树种植区。

阿塞拜疆拥有葡萄种植和加工的悠久历史，该产业被认为是改善国民经济的优先领域之一。2010—2016年，葡萄种植面积从1.12万公顷增加至1.39万公顷，但产量从12.95万吨减少至13.65万吨，主要原因是单产降低了15.6%（表2）。阿塞拜疆生产的葡萄酒和干邑主要出口到匈牙利、德国、保加利亚、波兰、捷克斯洛伐克和其他国家以及苏联地区。

表2 2010—2016年阿塞拜疆主要作物面积、单产和产量

（面积单位：万公顷；产量单位：万吨，吨/公顷）

作物	类别	2010	2011	2012	2013	2014	2015	2016
小麦	面积	65.65	65.41	68.73	68.91	60.44	53.97	59.06
	产量	127.23	159.44	179.70	184.13	140.74	163.98	179.99
	单产	1.941	2.44	2.61	2.67	2.33	3.04	3.05
稻谷	面积	0.16	0.18	0.17	0.21	0.11	0.12	0.25
	产量	0.39	0.37	0.37	0.48	0.27	0.28	0.54
	单产	2.40	2.09	2.22	2.28	2.46	2.37	2.15
玉米	面积	2.99	3.35	3.57	3.86	3.76	3.59	3.58
	产量	13.61	15.23	18.19	20.82	20.36	21.41	22.40
	单产	4.56	4.55	5.10	5.39	5.42	5.97	6.25
棉花	面积	3.02	4.28	2.92	2.34	2.29	1.87	5.08
	产量	3.82	6.64	5.70	4.52	4.10	3.52	8.94
	单产	1.27	1.55	1.95	1.93	1.79	1.88	1.76
葡萄	面积	1.12	1.20	1.24	1.31	1.35	1.35	1.39
	产量	12.95	13.70	15.10	14.85	14.77	15.71	13.65
	单产	11.60	11.42	12.13	11.31	10.95	11.62	9.79

数据来源：FAOSTAT

(2)畜牧业

阿塞拜疆建立的现代畜牧场已超过了15个，牛奶收集点超过30个。棕高加索牛的平均产奶量为2100～2600千克，牛奶的脂肪含量是38.0%～39.0%。绵羊养殖在阿塞拜疆有着悠久的历史，绵羊生长在所有地区。阿塞拜疆的主要畜禽产品包括鸡肉、羊肉、牛奶和鸡蛋等。2010—2016年，鸡肉产量从6.45万吨增加到9.55万吨，增加了48.2%；羊肉产量从7.43万吨增加到7.53万吨，增加了1.3%；牛奶产量从150.70万吨增加到197.17万吨，增加了30.8%；鸡蛋产量从7.07万吨增加至9.66万吨，增加了36.6%（表3）。近年来，阿塞拜疆的鸡肉产量增加最快，而羊肉产量基本保持稳定。

表3　2010—2016年阿塞拜疆主要畜禽产品产量　　　　　　　　　　　（单位：万吨）

年　份	鸡　蛋	牛　奶	鸡　肉	羊　肉
2010	7.07	150.70	6.45	7.43
2011	6.07	156.48	7.16	7.44
2012	7.36	165.94	8.65	7.04
2013	8.41	175.67	9.44	7.09
2014	9.38	182.42	9.94	6.88
2015	9.32	188.98	9.72	7.09
2016	9.66	197.17	9.55	7.53

数据来源：FAOSTAT

(3)渔业

里海是世界著名的优质黑鱼子产地。为了有效地保护和合理利用里海渔业资源，包括阿塞拜疆在内的里海沿岸五国于1992年设立了"里海水生物资源委员会"，并由该委员会统一分配各国每年的鲟鱼捕捞和黑鱼子出口配额。2008年阿塞拜疆仅用去70.0%的黑鱼子出口配额，配额内出口里海黑鱼子共计4599千克，出口目的地为阿联酋、德国和瑞士，黑鱼子出口均价为2578美元/千克。2008年阿国内有经营权的企业在商业捕捞项下共计生产了6308.3千克黑鱼子，其中1714千克留给企业自行支配（大多在阿国内市场销售）。近年来，阿塞拜疆渔业生产呈下滑趋势。2010—2013年，淡水鱼的产量从6221.35吨降低至1507.86吨，减幅为75.8%；海洋鱼的产量从959.44吨降低至491.95吨，减幅为48.7%（表4）。

表4 2010—2013年阿塞拜疆渔产品产量　　　　　　　　　　　　　　　　　（单位：吨）

年份	淡水鱼	海洋鱼
2010	6221.35	959.44
2011	1507.86	491.95
2012	1507.86	491.95
2013	1507.86	491.95

数据来源：FAOSTAT

（4）林业

根据世界银行数据，阿塞拜疆森林面积为98.9万公顷，占国土面积的11.0%，其中大高加索地区占49.0%，小高加索地区占34.0%，库拉—阿拉兹低地占15.0%，纳希切万自治共和国占0.5%。2014年阿塞拜疆的森林租金占GDP的13.6%，2017年2月阿塞拜疆修改了《森林法》，根据修正案，未被森林植被覆盖的林区和非林区，土地租赁期限从10年延长至49年。该国境内森林覆盖率较低，人均森林占有量低于国际公认水平的3/4。

3. 主要农业产业布局

自古以来，阿塞拜疆种植了各种不同的小麦，灌溉小麦生长发育于阿塞拜疆的山地和山麓，而灌溉的小麦生长在低地。玉米种植场位于谢基—扎加塔拉地区，水稻种植在阿塞拜疆的朗卡兰和谢基—扎加塔拉地区得到了发展，棉花主要种植在库拉—阿拉斯平原的灰色、灰褐色和灰草甸土上，50.0%的烟草生长在扎加塔拉和加赫。马铃薯在非灌溉条件下种植，主要产地是加达贝依、托武兹、沙姆基尔、达什卡桑、库萨尔以及贾利拉巴德和马萨里地区。在阿塞拜疆的低地、阿布歇隆和朗卡兰地区，瓜和西瓜的生长发育较快，库尔达米尔以其瓜而闻名，而萨比拉巴德则以西瓜为名。朗卡兰地区的茶叶生产占全国的90%。最大的水果种植地在库巴，2/3的产量都来自库巴—卡赫马兹，15%来自谢基—扎加塔拉地区和希尔凡山脉经济区。95.0%的坚果生产集中在谢基—扎加塔拉地区。阿塞拜疆森林里有150种野生果实植物，这些植物生产千吨野生水果（核桃、苹果、酸梅、柿子、板栗、榛子、黑莓等），这些水果中有30.0%具有消费意义。森林养蜂也有很大的发展，根据林业部门的统计，现有大约700个养蜂家庭。

（三）农产品贸易情况

2012—2015年，阿塞拜疆对外贸易的国家数量从155个增加至165个，涵盖了大部分的国家和地区。进口额从97亿美元降至92亿美元，出口额从239亿美元降至114亿美元，进出口额均降低，但仍保持贸易顺差，贸易顺差额减少（表5）。2017年，黄金和番茄出口对阿塞拜疆非油领域出口增加值的贡献最大。其中，番茄出口额达 1.52 亿美元，在非油领域出口商品中位居第一，黄金（1.25 亿美元）位居其次，榛子仁（1.15 亿美元）排第三位。从主要农产品类别来看，水果和蔬菜的出口额达 5.03 亿美元，远高于其他产品。

表 5　2012—2015 年阿塞拜疆对外贸易情况

年　份	对外贸易国家数量（个）	进口额（亿美元）	出口额（亿美元）
2012	155	96.56	239.08
2013	149	107.13	239.75
2014	150	91.90	218.30
2015	165	92.21	114.25

数据来源：阿塞拜疆共和国海关委员会

1. 主要农产品贸易规模

2017 年阿塞拜疆出口增长 19%，其中非油领域出口增长 24%。进口增长约 1%，贸易顺差达 62 亿美元。2016 年阿塞拜疆对外贸易顺差为 6.11 亿美元。据阿塞拜疆国家统计委员会数据，2017 年阿塞拜疆出口粮食约 292.88 万吨，同比减少 4.4%。2000—2017 年，根据世界银行的统计，阿塞拜疆农业原材料出口占总商品出口的比例从 2.4% 降至 0.3%，而食品出口占总商品出口的比例从 3.2% 增加至 4.8%。这表明，近年来阿塞拜疆更加注重食品成品、加工品的出口，而弱化初级原材料的出口。进口方面，阿塞拜疆农业原材料进口占总商品进口的比例从 2000 年到 2017 年不断波动，最低值为 2014 年的 0.7%，最高值为 2013 年的 2.3%，基本维持在 1.7%，而食品出口占总商品出口的比例从 2000 年到 2017 年也不断波动，最低值为 2011 年的 14.1%，最高值为 2017 年的 18.9%，基本维持在 15.7% 左右。这表明，近年来阿塞拜疆在农业原材料的进口和食品的进口方面基本保持稳定。

2. 主要贸易伙伴

2016 年阿塞拜疆前十大贸易伙伴为土耳其（23.10 亿美元）、俄罗斯（20.50 亿美元）、意大利（18.90 亿美元）、德国（10.10 亿美元）、中国（9.75 亿美元）、中国台湾（8.10 亿美元）、以色列（6.80 亿美元）、法国（6.44 亿美元）、英国（5.52 亿美元）和美国（5.52 亿美元）。2016 年阿塞拜疆主要的出口目的地为：意大利（占阿塞拜疆全年出口总额的 17.1%，下同）、土耳其（12.4%）、以色列（7.3%）、德国（6.7%）、法国（5.4%）、俄罗斯、印度、格鲁吉亚和中国（3.0%）。2016 年阿塞拜疆主要进口来源国为：俄罗斯（占阿塞拜疆全年进口总额的 19.2%，下同）、土耳其（13.8%）、中国（8.2%）、美国（5.8%）、英国（5.6%）、德国、意大利、乌克兰、日本和挪威。2016 年阿塞拜疆对外贸易重心逐渐向欧盟和独联体以外的国家和地区转移，但欧盟和独联体占其外贸的比重仍达 50.9%。其中，欧盟占 34.9%（57 亿美元）、独联体占 16.0%（28.3 亿美元）。阿塞拜疆对欧盟出口和自欧盟进口分别占其出口和进口总额的 43.2% 和 26.0%，阿塞拜疆对独联体出口和自独联体进口分别占其出口和进口总额的 7.3% 和 25.3%。

3. 中国与其贸易情况

中阿建交以来，两国经贸合作逐步展开。但由于两国相距较远、交通不便、阿经济困难等原因，中阿经贸合作水平较低，贸易商品种类较为单一。在农产品贸易方面，中国与阿塞拜疆的农产品贸易始终保持顺差态势，且进口额与出口额整体变化趋势一致。中国对阿塞拜疆出口的农、水、畜三种产品中，农产品占比最大，畜产品次之，水产品占比较小。2008—2016 年，两国农产品贸易总额先增后减，在 2013 年达到最高额 2698.76 万美元，随后有所减少，2016 年贸易总额为 822.42 万美元，比 2015 年减少 227.97 万美元。2016 年，中国出口阿塞拜疆农产品总额为 557.26 万美元，进口额 265.17 万美元（图 2）。

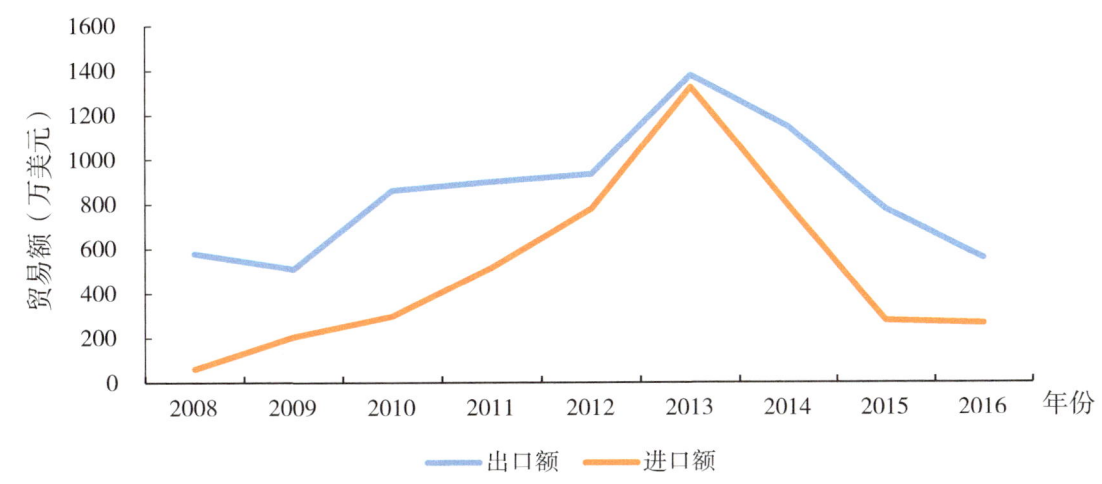

图 2　2008—2016 年中国与阿塞拜疆农产品贸易额

数据来源：中国海关

从双边农产品贸易结构看，中国从阿塞拜疆进口的农产品主要为水产品，2016 年水产品进口额 194.95 万美元，占农产品进口总额的 73.5%，2015 年占比达到 91.3%。其余进口农产品还有药材、水果、饮品类等，但金额都不大。而中国出口阿塞拜疆的农产品结构近年来却发生了明显的变化。2008 年，中国出口至阿塞拜疆的农产品主要有畜产品、蔬菜、油籽、粮食（薯类）和水果，分别占当年中国出口农产品总额的 27.3%、19.6%、11.6%、11.3% 和 8.3%；而 2016 年，中国出口的农产品主要为油籽、水产品、畜产品、坚果、蔬菜，分别占当年中国出口农产品总额的 30.6%、18.3%、16.6%、11.7% 和 5.3%（图 3）。

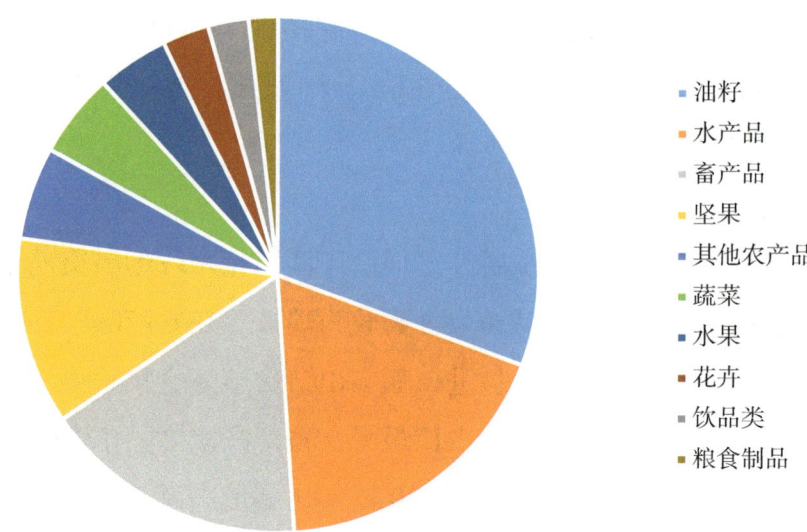

图3　2016年中国出口阿塞拜疆农产品金额占比情况

数据来源：中国海关

（四）农业科技发展

1. 农业科研机构

阿塞拜疆最主要的科研机构是阿塞拜疆科学院，下属30多个自然科学和人文科学研究所及其他科研辅助机构，另有阿塞拜疆著名智库总统战略研究中心，属于国家事业单位。著名高校有巴库国立大学和阿塞拜疆国家石油大学等。

2. 农业科技发展状况

阿塞拜疆独立后，实行土地私有制，并制定法律明确规定，外国人不得购买土地，只能租赁使用。1995年以来，阿塞拜疆的种植业得到一定发展，但仍以农户家庭经营为主，规模化程度较低，也缺乏相应的技术，再加上旱季少雨，农作物单位产量较低，很多农产品例如谷物需要进口。畜牧业方面，各种肉类和肉制品也不能自给，奶类及乳制品、糖类、也需要进口，各种瓜果蔬菜基本可以满足本国需求。2000年来，阿塞拜疆的农业进入快速发展阶段，2005年，阿塞拜疆政府制定了农产品的税收优惠和生产者补贴政策，以促进农业的发展。但阿塞拜疆农业配套服务设施例如加工、运输和仓储技术还比较欠缺，科技水平较低。因此，阿塞拜疆政府通过引进外资、管理技术等，促进本国农业的升级改造。现阶段，阿塞拜疆引进的领域主要涉及果汁视频加工、酒类、肉类、乳制品、蔬菜等。

（五）农业管理体系与政策

1. 农业管理体系

农业的高效发展和完善与农业管理机构是密切相关的，农业管理机构主要以农业食品工业部（由农业部和负责农产品采购的食品工业部合并而成）为主，采用工业化形式和最新的科学成果，重视农业集约化生产，改革旧的农业发展领导体制，大力支持和扶植农业规模化发展，扩大农业企业的自主权，建立了农业和食品工业的统一领导机制。在双边合作方面，阿塞拜疆共和国农业部与外国进行谈判，以解决农业部门的实际问题，并积极参与确定合作的方向，与外国达成协议和谅解备忘录，建立和扩大农业部门不同方向的法律框架。政府间对外合作委员会也是负责阿塞拜疆共和国与其他国家进行双边合作发展的重要组织机构，在解决共同关心的问题上发挥着积极有效的作用。阿塞拜疆农业部与联合国粮农组织（FAO）、欧盟（EU）、国际农业发展基金（IFAD）、经济合作组织（ECO）等一些国际组织密切合作，加强国家粮食安全，支持政府在农业和农村发展领域开展的活动。

2. 农业支持政策

阿塞拜疆土地政策的主要方向之一，是提高农业竞争力，确保粮食安全，在国内生产的基础上提供高质量、安全的粮食。为了鼓励农作物生产者，国家在不同方向上提供了各种补贴。这些补贴包括：农业生产者可从每公顷播种土地中获得50马纳特补贴，小麦和水稻可另外补贴40马纳特；对矿物肥料和除草剂的成本实行2.7%的折扣，折扣上限为每公顷80马纳特无机肥和10马纳特除草剂；对耕种土地的所使用的燃料油和机油进行补贴；销售第一和第二的繁殖种子和树苗（基于销售产品的批准配额）；补贴超级种子和精英种子的成本；"农业化"开放式股份公司租赁的牛的租金可获得50%的折扣；国家对农业机械和灌溉设备补贴40%；大麦、玉米、种子向日葵、马铃薯、甜菜根、蔬菜（果蔬除外）、水果、柑橘和葡萄园作物的保费收入的8.5%由国家预算支付；为提高畜产品供给，增加具有基因潜力的高产动物的种群数量，计划在人工授精方面，每头牲畜补贴1万马纳特。

3. 农业发展规划

2017年7月，阿塞拜疆总统伊利哈姆·阿利耶夫签批了《2017—2022国家棉花发展规划》，意在发展本国棉花生产，提升出口潜力，保证居民就业。根据该法令，阿财政部和经济部每年从国家预算和国家投资计划中对棉花生产进行财政补贴。阿塞拜疆农业部会同经济部必须保证国家预定规划的实施，每年向总统汇报实施情况。2017年8月，阿利耶夫总统批准了《2017—2021年阿塞拜疆烟草业发展规划》，旨在发展烟草种植业，深化烟草加工领域，确保烟草加工企业本地原材料供应，提高烟草业盈利能力和出口潜力，提高农村劳动力就业率。总统责成经济部着手对建设现代化烟草加工厂进行可行性研究，责成农业部采取措施保障烟草种植者农机和农化产品，加强育种和制种、植物检疫和咨询服务。

三、农业投资环境

世界银行发布的《2017年营商环境报告》显示，阿塞拜疆在全球190个经济体中排名第65位。世界经济论坛《2016—2017全球竞争力报告》显示，阿塞拜疆在全球138个国家和地区中，排名第37位，其中，宏观经济、GDP总量、通胀率、金融市场发展分别排在第39位、第6位、第81位和第97位，在独联体国家中位居第二位。

（一）国家商业环境

根据《2016—2017全球竞争力报告》，阿塞拜疆排名第37位（共138位），其中，宏观经济、GDP总量、通胀率、金融市场发展分别排在第39位、第6位、第81位和第97位，在独联体国家中位居第二位。世界银行发布的《2019年营商环境报告》显示，阿塞拜疆在全球190个经济体中排名第25位。创建企业维度排名为第9位，处理建设许可维度排名61位，获得电力维度排名74位，登记财产维度排名17位，获得贷款维度排名22位，保护微小投资者维度排名2位，支付税收维度排名28位，跨境贸易维度排名84位，合同执行维度排名40位，破产处理维度排名45位。综上可知，阿塞拜疆在创建企业、财产登记、获得贷款、保护微小投资、支付税收5个维度优势较大，而在处理建设许可、获得电力、跨境贸易、合同执行、破产处理5个维度劣势较大。在考虑双方合作时，应争取优势资源，而妥善处理劣势。

（二）农业优势与潜力

阿塞拜疆人口密度不大，耕地资源较为充裕，气候适宜，农业方面的投资成本和风险较低。阿塞拜疆在农业发面的优势与潜力主要体现在水果、蔬菜和水产品的生产上，渔业资源丰富，其中全球90.0%的鱼子酱来自里海。而在这些产品的加工、包装等措施方面还比较欠缺。阿塞拜疆的粮食作物中，以小麦为主，经济作物中，以棉花为主，水果中以葡萄产业为主导，另外，水产品和畜产品的产量也相对较大。但由于配套设施和产业的落后，阿塞拜疆无法实现优势产业的改造和升级。中国具有农业机械方面的产品优势和技术优势，可与阿塞拜疆开展合作。近年来，阿塞拜疆政局稳定，政府鼓励引进外资，以此促进农业的快速发展。中国作为农业大国，在种植、养殖、农业机械等农业科技方面经验丰富，在农业领域投资和经济技术合作潜力巨大。

（三）风险分析

1. 经济风险

1991年，苏联解体，阿塞拜疆宣布独立后，经济一直下滑。1996年开始，经济回升，GDP 年增长率保持在10.0%以上，2005年阿塞拜疆经济增幅同比提高26.0%，是增速最快的国家。2006年，GDP 比上年增加了36.3%，阿塞拜疆经济发展驶入快车道。2014年以来，国际石油价格下跌，阿塞拜疆经济发展速度放缓，2016年出现了负增长，2017年增速仅为0.1%，陷入低迷状态。阿塞拜疆仍处于经济转型过程中，真正的市场经济体制还未完全建立。随着国内房地产和金融行业的快速扩张，泡沫经济现象明显，2016年阿塞拜疆通胀率达13.3%，食品类商品、非食品类商品和服务价格分别上涨14.7%、16.7% 和5.8%。

此外，阿塞拜疆现行法律规定仅仅对大型国际投资合作项目有优惠措施，对外资企业优惠待遇不多，经营成本较高。

2. 基础设施风险

1922年，原阿塞拜疆苏维埃社会主义共和国加入苏联，当时苏联在阿塞拜疆修建了较完善的基础设施，后期这些设施逐渐荒旧，疏于维护。阿塞拜疆政府想通过引进外资，重新对这些基础设施进行改造和升级。近些年来，阿塞拜疆的交通设施、生活设施和通信设施等得到改善。由于欧洲银行、伊斯兰银行和日本国际合作资金等的资本投入，阿塞拜疆的能源供应充分，目前，电力供应能满足国内需求。阿塞拜疆是一个没有出海口的内陆国家，石油向外运输主要通过管道方式，现仅有3条运输管道，输送能力已超过现阶段原油产能。阿塞拜疆原有的固定电话通信网设施老化，近年来，固定电话被列为国家重点支持的发展领域，虽然阿塞拜疆对网络使用限制少，但其收费水平仍高出中国一倍以上。

3. 制度风险

根据世界银行的2017年世界治理指数（WGI）可知，政治稳定性指数是世界公认的反映各国政治稳定状况的权威指标，该指标分为6个等级，分别为很高、高、较高、较低、低、很低，满分100分，得分越高，政治稳定性越高，投资风险越低。腐败控制指数划分为6个等级，分别为很高、高、较高、较低、低、很低，满分100分，得分越高，腐败控制程度越高，投资风险越低。阿塞拜疆的政治稳定性指数得分为7，处于第6级，相较于其他国家而言，政治上较为不稳定。阿塞拜疆的腐败控制指数得分为12，处于第5级，相较于其他国家而言，腐败控制程度较低。

阿塞拜疆从苏联解体宣布独立至今，仅二十多年，社会秩序虽然稳定，但各项发展均处于起步阶段，国内法规不健全，内容频繁修改，个别企业信誉较差，金融体系比较封闭。2017年，阿塞拜疆与187个国家或地区有贸易往来，一直奉行平衡外交。但由于地缘关系，资源丰富，在某种意义上，成为美俄两国在外高加索地区的缓冲区，与亚美尼亚的"纳卡"存在冲突问题。

（四）总体评价

阿塞拜疆农业资源丰富，而在相关产品的生产技术、加工技术及基础设施方面亟需改善，产业改造升级的需求比较强烈。中国和阿塞拜疆的农产品种类方面可以实现互补，可以进一步加强两国之间农产品的国际贸易，这为中阿合作奠定了较大的可能性。在吸引外资方面，阿塞拜疆在开办企业、财产登记、税收方面优势较为明显，但存在一定的经济风险和制度风险，企业投资时应慎重把握。综上看来，中国与阿塞拜疆在农业方面的合作前景良好。

四、中阿农业合作现状与合作重点

（一）合作现状

1. 合作机制

1992年建交以来，中阿先后签订了《中华人民共和国政府和阿塞拜疆共和国政府关于鼓励和相互保护投资协定》（1994年）、《中华人民共和国政府和阿塞拜疆共和国政府关于海关事务的互助协定》（2005年）、《中华人民共和国政府和阿塞拜疆共和国政府经济贸易合作协定》（2005年）、《中华人民共和国信息产业部与阿塞拜疆共和国通信与信息技术部合作谅解备忘录》（2005年）、《中华人民共和国政府和阿塞拜疆共和国政府关于对所得避免双重征税和防止偷漏税的协定》（2005年）等文件。

1994年、2005年和2015年，阿塞拜疆时任总统对中国进行多次国事访问。2015年以来，双方关系快速发展。2015年12月，阿塞拜疆总统和习近平主席签署《关于共同推进丝绸之路经济带建设的谅解备忘录》等多份合作文件，双方就务实合作、安全合作等达成多项共识，其中包括中石油和阿国家石油公司签署有关建设天然气加工和石化综合项目的合作备忘录等重要双边合作文件。2016年，中方多名领导人分别访问阿塞拜疆。2018年，中国驻阿塞拜疆使馆、在阿中资企业和阿塞拜疆外交部代表、国家海关委员会，三方首次举办联系机制会议，以促进双方合作的顺利开展。此外，双方在交通、农业、通信等方面合作均有新进展。中国有很多的农业生产技术，加上阿塞拜疆良好的农业生产条件，双方在农业技术交流和经济投资方面合作潜力较大。

2. 科技合作

阿塞拜疆在获得独立后，特别重视在许多领域应用创新措施。目前，在作物种植中推广应用先进技术和农业方法已成为重点。2016年，中阿在桑蚕养殖领域合作取得进展。德国、芬兰、意大利等企业生产的设备被阿塞拜疆用于农业生产，但这些设施价格高昂，阿在农业领域拓展了租赁服务。在安全、经济和技术等方面，农业机械对于环境保护和农业生产是非常重要的，中阿两国的专业技术人员可以相互交流，共同研究开发符合阿塞拜疆当地农业生产所需要的设施。

3. 贸易合作

农产品和贸易和农业的交流自古就是丝绸之路的主要内容，现今中国和阿塞拜疆是重要的贸易伙伴，2017年，双方贸易总额接约12.98亿美元，中国是阿塞拜疆的第三大出口国和进口来源国，中国和阿塞拜疆在农业贸易方面存在巨大潜力，其中，中国进口阿塞拜疆的农产品是重要的谈判要点。阿塞拜疆出口的农产品主要包括果蔬类、烟草类和棉花。2018年，中国甘肃省粮食局与阿塞拜疆农产品供销股份有限公司达成合作意向，甘肃省将向阿塞拜疆出口马铃薯和橄榄油。2017年6月，中国和阿塞拜疆签订了"阿塞拜疆·中国自由贸易产业园区"合作意向书，该产业园区位于阿塞拜疆的首都巴库，规划的产业涉及现代农业、金融服务、物流和新能源等。

4. 投资合作

2017年，中国国家开发银行、中石油和阿塞拜疆国家石油公司签订了合作备忘录，双方在金融方面的尝试将为下一步农业园区建设中的金融问题提供经验。根据驻阿塞拜疆大使魏敬华的介绍，阿塞拜疆的肉制品、葡萄酒、红茶和果蔬等产品品质优良，中国也有较大的进口需求，但现阶段还缺少阿塞拜疆政府的宣传、推介和关税政策支持，以及技术协定的谈判等。阿塞拜疆需要按照国际通行标准，进一步完善国内投资环境，切实解决投资方关心的问题，吸引外资。双方将继续挖掘在养殖、种植、农产品加工和贸易方面的合作潜力。另外，阿塞拜疆应当充分利用亚洲开发银行，大力建设和改善自身基础措施，尤其是加强农业基础设施的合作。

（二）合作潜力

1. 合作基础

中国是农业大国，在农业种植与技术等方面有着丰富的经验，阿塞拜疆拥有着优越的自然资源和条件，双方合作互补性强，潜力大，在农业方面合作可实现双赢的局面。2017

年是中阿建交 25 周年，二十多年来，两国关系一直稳定发展，各个领域交往活跃。在贸易方面，双边贸易额逐年增加，2016 年，中国从阿塞拜疆进口了大量的葡萄酒，葡萄酒贸易进入一个崭新的阶段。阿塞拜疆经济部部长在"2014—2018 年阿塞拜疆地区社会经济发展纲要"实施第四年总结大会上表示，2018 年阿塞拜疆贸易中心将在中国上海经济特区开业。在技术经济合作方面，中国石油企业自 2002 年开始进入阿油气开发合作领域，目前在阿拥有 2 个开发权益的项目，即 K&K 和 PRISAAT 陆地老油田开发项目。这些经验都将为下一步的农业合作奠定基础。

2. 合作前景

中国和阿塞拜疆在农产品贸易、农业基础设施建设、农业技术交流、生产科学研究等方面具有较大的合作潜力。中国方面，中国的农业资源种类繁多，发展农业的历史悠久，积累了较多的生产工具、生产技术和生产经验，加之中国近 40 年的发展较快，现代农业、高科技农业等发展迅速，另外，中国的人口众多，是比较好的消费市场，这些为双方合作的开展提供了基础。阿塞拜疆方面，拥有得天独厚的自然资源，其土壤和气候培育出来的农产品品质优良，具有较大的中国市场。另外，阿塞拜疆迅速增长的经济、不断发展的各项配套设施，也为农业的进一步发展注入了活力。双方现已在能源、石油化工、旅游和建筑方面，积累了较多的合作经验，这为下一步开展农业合作，提供了较好的参考。近年来，中国和阿塞拜疆经常进行国事访问，双方良好的伙伴关系，是农业合作的有力保证。在此基础上，双方可加强在农业类院校层面的学术交流，在种养殖方面取长补短，实现共赢。

（三）合作重点

1. 重点领域

中国和阿塞拜疆在农业方面的重点合作领域应该集中在以下三方面。一是农产品贸易方面，阿塞拜疆的瓜果蔬菜和水产品品质较好，中国可以多向阿塞拜疆进口，例如橄榄、马铃薯、葡萄、鱼类等；中国的油籽类、水产品、畜产品和坚果类可以出口到阿塞拜疆。二是企业合作方面，中国有先进的基础设施建设技术，阿塞拜疆可与中国合作，尽快完善国内的农业基础设施；中国的企业可抓住机遇，在阿塞拜疆的农业领域加快发展，以促进阿塞拜疆加工业、农业服务业的转型升级。三是双方应合作开展农业方面的学术研究，例如，加强高加索山区稀有生物种类的研究，加强中国不同区域动植物的学术研究，进一步促进两国的农业发展。

2. 重点产业

中国和阿塞拜疆在农业方面的重点合作产业，应集中在蔬菜、水果等农产品加工产业、农业配套服务产业，以及智慧农业、现代农业方面。阿塞拜疆由于其独特的土壤和气候条件，其蔬菜、水果的品质就好，产量较大，但比较缺乏相应的农产品加工企业，适逢其招商引资，中国的企业可抓住机遇，大力投资。阿塞拜疆也比较缺乏农业配套服务产业，一些农资、农具等生产资料服务业，比较缺乏，而中国的企业在此方面比较具有优势，可以进行合作。随着智慧农业、现代农业的发展，双方企业可寻求在高新产业、绿色农业方面的合作。

五、中阿农业合作建议

建交 20 多年来，中国与阿塞拜疆两国在重大问题上始终保持着友好合作关系，2015 年以来，中阿政治互信不断加强，各领域合作持续深入。阿方积极响应和支持中方关于共建丝绸之路经济带的倡议。2015 年 6 月，阿塞拜疆正式成为亚洲基础设施投资银行创始成员国，同年 7 月，阿塞拜疆成为上合组织对话伙伴国。"一带一路"倡议的落地实施，将为两国的合作发展带来更多的机遇。

（一）加大政府高层对话，完善政策措施

近些年来，阿塞拜疆经济的高速发展，得益于政局的稳定，但仍属于转轨国家，法律制度还不完善，内容不断进行修正和调整，对外国投资在保护上尚未具备普遍性，再加上税务、移民等政策的限制，使得中资企业在阿塞拜疆设立独立的投资公司非常困难。目前，阿塞拜疆的货币马纳特与中国的人民币尚不能自由流通，双方可加强对话，建立货币互换制度，给予中方投资者和中小企业融资等方面的便利。

（二）利用政府信息资源，及时了解形势变化

政府要强化公共服务，及时发布国际经贸环境、市场供求、产业合作信息，提高投资便利化水平，为企业提供一站式服务，进一步做好各类国际经贸规则的宣传与培训工作，帮助企业了解规则、熟悉规则、运用规则。通过为企业提供多种便利条件，提高企业投资的积极性，为"一带一路"倡议带来创新活力。

（三）搭建合作平台，举办更多贸易投资促进活动

强化驻外机构的服务，加强宣传推介，为企业在对外开展经贸合作牵线搭桥。阿塞拜疆农业市场容量小，要充分考虑到古丝绸之路的作用，尽可能发挥阿对周边市场的辐射作用。

（四）尊重当地文化习俗

阿塞拜疆属于伊斯兰国家，有独特的文化传统，是东西方文明交融的地方。主动了解和尊重当地的风俗习惯，融入当地的文化氛围中，将有助于中资企业与当地合作伙伴建立互信的人际关系，有助于树立良好的企业形象，有助于中国企业在阿投资中获得成功。

参考文献

阿 诺.2018."一带一路"背景下阿塞拜疆与中国贸易关系研究［D］.北京：首都经济贸易大学.

中国驻阿塞拜疆大使馆商务经贸参赞处.2017.对外投资合作国别（地区）指南——阿塞拜疆.北京：商务部出版社.

布 桑（GULIYEV VUSAL）.2018.从阿塞拜疆的视角看中国"一带一路"及其在南高加索的机遇与挑战［D］.上海：上海外国语大学.

李勇慧.2018.浅析阿塞拜疆经济转型与"一带一路"倡议对接的战略合作［J］.欧亚经济，（3）：70-82，125-127.

王春刚.2018-09-14.一带一路为中阿合作插上翅膀［N］.国际商报.

张 宁.2016.阿塞拜疆对外政策的宗旨和原则分析［J］.伊犁师范学院学报（社会科学版），35（4）：59-65.

Kazimov Arzuman.2016.中国与阿塞拜疆经贸关系研究［J］.经营管理者，（11）：56-57.

摩尔多瓦

摩尔多瓦共和国，简称"摩尔多瓦"，与罗马尼亚和乌克兰接壤，首都基希讷乌。

摩尔多瓦属温带大陆性气候，地形以平原、丘陵为主，北部和中部为森林和草原，南部为草原。摩尔多瓦水资源丰富，河流众多且地下水资源丰富。

一、国家基本情况

（一）自然地理

摩尔多瓦地处欧洲大陆东南部，位于东经26°～30°、北纬45°～48°。主要地貌为平原和丘陵，平均海拔147米，最高海拔429.5米。全国75%以上的土地为黑土，10%的土地为褐色及灰色森林土。全国森林覆盖率为9%，总面积达42.45万公顷。主要河流为德涅斯特河和普鲁特河。

（二）人口状况

根据世界银行数据，2017年摩尔多瓦人口总数约为355万人。摩尔多瓦的人口变动大致经历了两个阶段。

第一阶段为1992年之前的增长阶段。在这一阶段，摩尔多瓦人口呈现增长趋势，由1960年的254.4万人增加至1992年的370.6万人，女性人口占总人口的比重由53.2%下降至52.3%，人口增长率由2.5%下降至0.1%，总生育率由3.3%下降至2.2%。人口增长、出生率下降、男女结构更加合理的同时，人口寿命不断延长伴随着人口老龄化。1960年至1992年，摩尔多瓦人口出生时预期寿命由62岁提高至67.4岁，65岁以上人口占总人口的比重由6.2%提高至8.7%。

第二阶段为1992年之后的下降阶段。在这一阶段，摩尔多瓦人口由1992年的370.6万人下滑至2017年的355万人，女性人口占总人口的比重由52.3%小幅度减少至52.0%，人口增长率进一步下滑，总生育率下滑至2016年的1.3%，人口出生时预期寿命进一步提高至2016年的71.6岁，65岁以上人口占总人口的比重上升至2017年的10.9%。

在宗教信仰方面，98%的摩尔多瓦人信奉东正教，1.5%的摩尔多瓦人信奉犹太教，0.5%的人信奉其他宗教。

（三）政治制度

摩尔多瓦于1991年从苏联独立出来，成为一个拥有独立主权的半议会制共和国，目前是独联体成员国，实行总统制、三权分立制度，经济体制上公有制和私有制并存。

2000年，摩尔多瓦成为议会制共和国，总统的产生方式由全民普选改为议会投票选举，这削弱了总统职权在国家事务中的权力。

摩尔多瓦议会实行一院制，共有101个议席，议员任期4年，选举采用单一选区比例代表制。摩尔多瓦主要政党有摩尔多瓦共产党人党、摩尔多瓦自由民主党、摩尔多瓦民主党、摩尔多瓦自由党等。

（四）社会和经济发展状况

摩尔多瓦经济处于快速发展中，但经济发展水平仍然较为落后。根据世界银行数据，摩尔多瓦国内生产总值（GDP）由1995年的17.5亿美元增长至2008年的60.5亿美元（现价美元），但2008年在全球金融危机和欧洲债务危机的双重打击下，摩尔多瓦经济遭受巨大打击，2009年锐减6%至54.4亿美元（现价美元），后在世界银行和国际货币基金组织的帮助下，逐渐恢复增长，2010年开始重新起飞，2011年国内生产总值超过2008年，2017年达到81.3亿美元（现价）。2017年，摩尔多瓦人均GDP仅为2289.9美元（现价美元）。在与欧盟的关系上，2014年与欧盟正式签署协议，摩尔多瓦的产品可以免税进入欧盟市场，并成为"申根国家"，摩尔多瓦人可以无障碍地进入欧盟国家。

根据世界银行数据，摩尔多瓦按消费者价格指数衡量的通货膨胀处于较高水平，2008年金融危机以来维持在5%以上，2016年和2017年分别为6.4%和6.6%。根据摩尔多瓦国家统计局的数据，2015年通货膨胀率高达13.6%，其中食品类商品价格平均上涨14.3%，非食品类商品价格平均上涨14.1%。较高的通货膨胀率、物价水平的大幅上升增加了普通居民的生活成本、加剧了百姓生活的贫困。

二、农业发展现状

（一）农业资源条件

1. 土地资源

摩尔多瓦位于欧洲巴尔干半岛东北部、多瑙河下游，东北部与乌克兰接壤，西南部与罗马尼亚毗邻，为欧洲小国。

摩尔多瓦35%的土地是河流纵横的平原及河边阶地，土地肥沃，适合农业生产；37%的土地为坡度在2°～6°的坡地，20%的土地是坡度超过6°的陡坡和峭壁。适合农业生产的平原主要分布在摩尔多瓦北部的伯利兹多岗平原。

摩尔多瓦有可耕地290万公顷，占国土面积的86%。农用耕地约有180万公顷，2015

年为182.3万公顷，主要集中在中部地区、南部地区和德涅斯特河沿岸。

2. 水资源

摩尔多瓦降水量较少，季节性特点明显，且呈现出"从西北地区向东南地区逐渐减少"的区域性特点。摩尔多瓦降水季节性特点明显，各地区在夏季都有可能发生暴雨，并引发水灾。在区域分布上，丘陵地区年降水量较多，为500~560毫米，平原地区为450~400毫米；西部地区比东部地区大约多50~100毫米。

摩尔多瓦主要河流有普鲁特河和德涅斯特河。其中，普鲁特河全长953千米，在摩尔多瓦境内716千米；德涅斯特河全长1411千米，摩尔多瓦境内640千米。地下水资源约有10亿立方米，其中60%已被开采用于日常用水消费。已探明可利用水量只有150万立方千米，其中1/3可以直接饮用，1/5必须经过净化处理后方可民用。

摩尔多瓦年需水量为250万立方千米，人均每天用水100升，远低于联合国规定的人均每天1000升的国际标准。

3. 气候条件

摩尔多瓦的气候属于温带大陆性气候，受大西洋气旋、地理位置和地形等因素影响，摩尔多瓦四季较为明显。夏季，气候干燥但多雨，且容易发生暴雨；秋季温暖；冬季少雪，常出现阴雨天气，降雪主要集中在1月，持续时间最长为2~3周。

日照充足，持续日照时间在2060~2330小时，植物生长期超过210天。

北方地区和南方地区的年平均气温明显不同：北方年平均气温为8℃，南方为10℃。年平均最低气温通常是在12月至2月。

4. 生物资源

（1）植物资源

摩尔多瓦境内绝大多植物为喜温暖的欧洲植物群，半数以上的野生植物拥有药用、观赏、装饰、食用等经济利用价值。根据世界银行数据，2015年摩尔多瓦森林面积为4090平方千米，占国土面积的12.4%。主要树木为橡树、白蜡树、枥树等。其中，面积最大的森林区位于中部地区，包含橡树和榆树林、椴树和白蜡树林、橡树和榉树林3个混合林带。

（2）动物资源

摩尔多瓦境内约有400种脊椎动物、4500种无脊椎动物，主要动物包括野猪、狍、鹿等大型动物，以及獾、松鼠、林貂、狼、狐狸、银鼠等中小型动物和各种鸟类。候鸟和定居鸟约有260种，其中云雀、猫头鹰等主要生活在森林区，鹌鹑、灰山鹑、草原鹰、大鸨等主要生活在草原地区，灰鹅、野鸭、骨顶鸡、潜鸭等主要生活在普鲁特河和德涅斯特河沿岸。鱼类约有80多种，包括鳊鱼、梭鱼、鲫鱼等品种。

（二）农业生产情况

1. 农业产值规模

摩尔多瓦经济以第三产业为主，但相较于其他欧洲国家，农业在摩尔多瓦占据着相对重要的位置。根据世界银行数据，2010年以来，摩尔多瓦农业增加值占其国内生产总值的比重维持在14%～15%，2016年为14.2%。根据摩尔多瓦国家统计局对外发布的统计报告，2015年，因农作物产量下降22.6%和畜牧业产量增长2.2%，摩尔多瓦农业总产值预计下降13.8%；农作物和畜牧业产品在农产品生产中所占比重分别为58%和42%，而2014年占比则分别为65%和35%。

2. 种植业主要农产品产量

（1）种植业

摩尔多瓦约80%的土地为适宜农作物生长的黑土高产田，主要农作物为葡萄、食糖、食油和烟草等。2015年摩尔多瓦全国播种面积约182.3万公顷，谷类占播种面积的50.5%，主要品种为玉米、小麦、大麦等。除了谷物外，摩尔多瓦境内种植的主要经济作物包括大豆、甜菜、向日葵、水果（以葡萄为主）等。

粮食作物种植。小麦和玉米是摩尔多瓦最为重要的粮食作物，2016年摩尔多瓦玉米种植面积为46.6万公顷，玉米产量为139.2万吨；小麦种植面积为37.1万公顷，小麦产量为12.9万吨。其余粮食作物还有荞麦、小米、燕麦、黑麦、高粱等。为保证农民种粮的积极性，摩尔多瓦政府每年要为种植小麦的农户提供一定的补贴，最高可达到小麦当年售价的10%～15%。同时，政府非常重视推广先进的农作物种植技术。

蔬菜和水果种植。摩尔多瓦具有良好的条件发展蔬菜和水果种植业，2016年水果和蔬菜总产量达到155.6万吨，其中水果126.6万吨，蔬菜29万吨。为改造全国的果园，政府投入了大量的人力和物力，广泛引入种植高产优良品种。全国果园里种植40多种苹果树、20多种梨树和桃树等，主要种植水果为葡萄、苹果等，其中2016年葡萄产量为61.6万吨，苹果为41.2万吨；其他水果主要有西瓜、李子、桃等。

葡萄种植和葡萄酒酿造。得益于优越的自然条件，葡萄种植成为摩尔多瓦最重要的农产品之一。根据联合国粮农组织数据，摩尔多瓦葡萄种植面积1992年增加至16.7万公顷，1995年达到17.8万公顷后逐年下滑，1999年跌破15万公顷，2016年为12.9万公顷。由于摩尔多瓦葡萄具有抗病性强、易于储存、储存期长、味香可口等优点，其在国际市场上深受消费者喜爱，畅销乌克兰、罗马尼亚、捷克等国。在葡萄生产的优势下，摩尔多瓦的葡萄酒制造业也得到了发展。根据摩尔多瓦当局制定的"到2015年葡萄种植业和葡萄酒酿造业发展构想"，2014年摩尔多瓦全国葡萄种植总面积已经达到25万公顷。

向日葵和甜菜种植。向日葵和甜菜是摩尔多瓦最为重要的两大经济作物。2016年，摩尔多瓦向日葵种植面积36.1万公顷，产量67.7万吨；甜菜种植面积2.0万公顷，产量66.5万吨。葵花籽油出口是摩尔多瓦主要创汇来源，主要出口俄罗斯、乌克兰、白俄罗斯。政府十分重视向日葵的研究和开发，全国有两家葵花籽加工股份公司。

（2）畜牧业

畜牧业是摩尔多瓦的一个重要专业化生产部门，主要畜禽品种为猪、羊和牛。2016年，摩尔多瓦全国牛存栏数为18.6万头，猪45.3万头，绵羊和山羊66.8万头。生产肉类13.8万吨，其中猪肉7.3万吨，牛肉产量9513吨，禽肉5.3万吨，羊肉1900吨；生产禽蛋5.4万吨，生产牛奶46.2万吨。摩尔多瓦畜牧业生产的服务对象是国内的消费者。近年来，由于国家经济不景气，人民的生活水平下降，消费能力萎缩，饲料、燃料和医药价格的上涨均大大制约了畜牧业的发展。同时，国家对猪肉和家禽生产部门没有相应的发展政策，没有保护国内市场和地方生产者利益的相关政策。根据摩尔多瓦国家统计局对外发布的统计报告，2015年，摩尔多瓦畜牧业产量增长2.2%，畜牧业产量增长主要是因为畜类、禽类动物产品产量分别增长了5.6%，而牛奶和鸡蛋产量分别下降了1.4%和8.1%。

3. 主要农业产业布局

粮食作物种植遍及全国农业区，主要集中在北部地区和西部地区。

水果种植主要在北部和东南部，其中葡萄种植主要分布在南部和中部。蔬菜种植区主要分布在德涅斯特河流域以及普鲁特河、列乌特河、贝克河河谷的坡地，其中土豆种植主要分布在北部地区。

向日葵是摩尔多瓦最重要的经济作物之一，全境均有种植，以东南部为多。甜菜种植主要集中在北部。

（三）农产品贸易情况

1. 主要农产品贸易规模

2005年，随着《东南欧稳定公约》的签订，摩尔多瓦对外贸易总额逐年增加。尽管在全球金融危机的影响下，2009年进出口总额显著下降，但随后于2010年起开始恢复，并突破50亿美元，2013年达到了79.2亿美元后有所下滑，2017年为72.6亿美元，其中出口额24.3亿美元，进口额为48.3亿美元。

具体到农产品，摩尔多瓦食品及活体动物、饮料及烟草进出口总额由1995年的3.8亿美元增长至2012年的15亿美元后有所下滑，2017年为13.6亿美元。其中，进口总额由

0.8 亿美元增长至 8 亿美元后下滑，出口总额由 3.0 亿美元增至 2017 年 7.5 亿美元。

2. 主要贸易伙伴

在出口方面，2006 年之前，摩尔多瓦的主要出口国家是独联体国家。2006 年之后，随着欧盟允许摩尔多瓦、罗马尼亚以及保加利亚享受欧洲联盟普惠制，摩尔多瓦与欧盟国家的贸易往来逐步增加，欧盟也逐步成长为摩尔多瓦的主要出口对象。此外，2006 年俄罗斯实施禁止进口摩尔多瓦葡萄酒的政策也导致了摩尔多瓦对独联体国家出口量的下滑。在进口方面，摩尔多瓦主要进来源国为俄罗斯、罗马尼亚、乌克兰、中国和德国。

（四）农业政策

1. 农业保险政策

为了防范并化解农业生产所面临的风险，保障农产品供应的稳定性，从而巩固国民经济发展的基础，2014 年摩尔多瓦议会通过了《农业部门生产风险补贴保险法》，开始建立适应市场经济体制的农业保险制度，以促进农业保险制度的转型。

《农业部门生产风险补贴保险法》共 6 章、25 条，对包括农业保险主体、保险对象、对保险人的要求、保险项目、合同条款、补贴政策等内容进行了规定。主要内容包括以下方面。

保险对象：与农作物种植、牲畜与家禽饲养、蜜蜂饲养以及鱼类生产有关的财产；

保险项目：连续干旱、洪水、风暴、低温、冰雹、特定地区不常见的其他自然事故以及疾病和害虫导致的作物破坏或减产，疾病、洪水、冰雹、风暴、低温、创伤及根据政府兽医部门的指令而进行的牲畜强制屠宰所导致的属于农业和渔业生产者的牲畜、家禽、蜜蜂、鱼类等的损失等；

保险金额：农作物、家禽、牲畜、蜜蜂和鱼均按其价值的 70% 由保险人和被保险人在协议中设定，农作物价值根据每公顷农作物的平均产量和市场价格计算；

保险赔偿金的支付：保险人应在确损文件签字之日起 10 日内，以书面形式向被保险人提出保险赔偿方案，保险人自该建议被接受之日起 5 日内支付；

保险人：具有一定资金实力，拥有至少由 2 家分支机构或代表机构组成的地区网络，每个分支机构拥有专门从事保险合同签订、确损和理赔业务的工作人员；

保险合同：保险合同可签订为农业生产的一个周期、一年或若干年等；

保险费补贴：政府从财政预算中拨出一定资金，专门用于补贴农业生产保险。

2. 直接支持政策

受国际金融危机等影响，摩尔多瓦农业领域所受冲击逐渐显现出来。为了推动农业的健康发展，摩尔多瓦当局加大了对农业的支持力度，2008 年国家初级财政对农业的补贴为

2.7亿列伊，实际投入的农业补贴资金达到了6.6亿列伊；2009年国家初级财政对农业补贴将增至3.13亿列伊，2009年实际投入较2008年进一步增长，以用于发展农村基础设施建设项目、发展小型农产品加工企业、建设新的农机技术设备站、增加和扩大葡萄苗栽种面积等。

根据联合国粮农组织数据，在农业领域，摩尔多瓦政府支出（含但不限于直接补贴）由2002年的5.34亿美元增至2014年的31.7亿美元，2016年降至24.3亿美元。

3. 农业贸易政策

摩尔多瓦的独立、加入联合国及欧盟成为其对外放、发展对外贸易的主导力量。1991年8月27日《独立宣言》颁布，摩尔多瓦成为一个独立的国家，改变了之前在苏联内部的经济关系转而发展对外经济关系。1991年摩尔多瓦成为联合国成员之一，标志着摩尔多瓦开始依附国际和区域机构发展对外贸易。1998年加入欧盟，享受一些贸易优惠政策，使得摩尔多瓦产品可以以免税价出口到欧盟市场，增强了出口产品在欧盟的竞争力，促进对外贸易的可持续发展。2001年摩尔多瓦加入世界贸易组织。同年，签署对东南欧国家自由化和贸易便利化的意向宣言，在东南欧稳定公约的框架内，与每个参加这项倡议的国家签署了双边自由贸易协定。2005年，摩尔多瓦充分应用双边自由贸易协定内的《东南欧稳定公约》，激活了与该地区国家之间的双边贸易机制，这也为确保公约内每个国家的国内生产者在保护自身利益的同时能够逐渐融入区域经济市场创造了条件。2006年，摩尔多瓦通过《签署协定》修正案，正式加入到中欧自由贸易协定区（CEFTA），协议内的成员有阿尔巴尼亚、波斯尼亚和黑塞哥维那、保加利亚、克罗地亚、马其顿、摩尔多瓦、黑山、罗马尼亚、塞尔维亚和联合国秘书长驻科索沃的特别代表等。同年，协议内国家其他一系列自由贸易多边协定修正案也取得成果。2007年，摩尔多瓦的主要出口国之一罗马尼亚加入欧洲联盟，这直接改变了摩尔多瓦出口的区域结构。欧盟成员国成为摩尔多瓦国最主要的出口国家，欧盟也开始主导摩尔多瓦对外贸易的产品结构。欧盟从2008年开始提供自主贸易优惠，允许几乎所有来自摩尔多瓦的产品进入欧盟市场，没有数量和关税限制，唯一例外的是对于酒、糖等部分敏感产品，只允许限额出口。但是，摩尔多瓦特殊的地理位置和独立国家联合体、东南欧稳定公约、中欧自由贸易协定等条件，允许摩尔多瓦继续扩大外贸市场规模。而受制于本国原料和能源资源的稀缺、难以满足国内需求，摩尔多瓦对进口的依赖度一直较高。因此，对外贸易直接影响该国的经济发展和人民的生活质量。为了推动摩尔多瓦水果、蔬菜种植和罐头等农产品的出口，2003年摩尔多瓦政府成立了"支持农产品出口中心"。

4. 农业发展规划

2014年3月，摩尔多瓦政府批准《2014—2020年农业发展国家战略》，该战略规定了农业发展的三个优先发展方向：通过现代化和一体化提高农产品加工业的竞争力；保证稳定管理自然资源；提高农村地区的生活水平。

摩尔多瓦拥有世界上独一无二的黑土高产田，就其农业潜力来说，完全可以满足本国市场和国家食品出口的需要。农业产值在国内生产总值中的比重长期稳定在10%，虽然所占比重低于工业或贸易，但对于摩尔多瓦来说，农业不仅是经济部门，而且在社会生活中发挥着重要的作用。全国约30%的人口从事农业生产，全国人口中有60%生活在农村地区。因此，摩尔多瓦政府对农业改革持慎重的态度，把农业改革当作摩尔多瓦经济向市场经济过渡的一个组成部分，它涉及法律、经济组织、财政关系，首先是土地所有制关系。农业改革的宏观目标包括以下几方面。一是改高投入低产出的全民农业为私有农业，创造条件使农业成为最富投资吸引力的行业之一，尤其是葡萄、烟草、蔬菜、畜牧业四大部门。二是把低收入农业部门改造为适应市场需要的企业，成为市场上销售原料产品的供应商，即成为高度商业化的国家经济部门。三是把长期以来属于农业的农产品加工部门改造为能够有效刺激生产和产销一体化的工业部门。四是由出口具有竞争力的农产品原料（新鲜的蔬菜和水果）过渡到出口高品质的深加工新鲜果蔬产品，打开发达国家的市场。

三、农业投资环境

（一）国家商业环境

摩尔多瓦是欧洲最不发达的地区之一，经济较为落后，产业结构以农业为主。尽管农业资源相对丰富，但工业技术落后，基础设施不完善，产业结构单一，国内就业压力大，急需投资以发展经济、扩大就业。

但摩尔多瓦的地理位置决定了其具有较大的投资前景。摩尔多瓦连接中东欧地区，与欧盟、独联体、土耳其建立了自由贸易区，在摩尔多瓦生产并获得原产地证明的产品可免税、无配额限制地进入9亿人口的欧亚大市场。这个优势可以为中方货物转口欧盟和独联体地区提供快捷便利的服务。

目前，摩尔多瓦当局并没有专门制定鼓励投资的优惠法规。根据相关法律，摩尔多瓦对外国投资者的优惠政策主要有：注册资金超过25万美元的外资企业，5年所得税减半；注册资金超过200万美元的外资企业，3年免除所得税，但免除税收盈利的80%应继续投入本企业生产或投入摩尔多瓦经济发展规划；自行研制的程序产品销售额超过50%的IT企业，5年免缴所得税。

此外，摩尔多瓦境内建有6个自由经济特区，特区内企业可享受优惠政策包括：出口税减半，出口以外的收入税减75%；投资100万美元以上的企业3年免征所得税；投资500

万美元以上的企业 5 年免征所得税。

摩尔多瓦虽然对外国投资一直没有额度方面的准入限制，但上述优惠政策基本上在独联体国家都存在，摩尔多瓦并没有区别于其他国家的特别优惠的吸引外国投资的政策。

而根据最新出台的《企业活动投资法》的有关规定，对外国投资者实行普遍的、不带歧视的和一般的国民待遇，虽然这一规定是市场经济国家的惯例，但对于像摩尔多瓦这样的市场经济不发达、经济处于转轨时期而需要大量外国投资的国家无利。

外国投资在实施中经常遇到以下困难和阻力：一是当地法律法规多变，大部分得不到实际落实，执行过程随意性大。二是政府部门办事效率低，各主管部门之间缺乏协调，信息反馈慢，有关审批期限长。三是《劳动法》规定企业必须跟本地员工签订长期工作合同，而员工承担义务和责任的规定很少或根本没有，不利于企业对员工的使用和管理。四是水、电、气等基础配套设施不到位。如投资项目选址稍为偏远，则需要个人出资建设基础设施，而建成后的基础设施所有权归市政主管部门所有，使企业投资增加、投资风险加大，严重削弱企业的投资积极性。目前中国"三联"民营公司在摩投资的商贸中心建设项目就遇到过上述问题。五是虽然名义上没有外汇管制，但在实际操作中，投资款项和利润的进入汇出都有不同程度的隐性限制，相关部门对企业的资金来源、使用和往来状况经常进行检查和查问，提出一些不合理的问题和要求；个别海关、卫生检疫、消防安全等部门人员索贿现象普遍，很少帮助外资企业解决困难和问题。六是以防止有移民倾向的人员入境为理由，对中国赴摩经商人员实行严格签证限制，一般不提供多次往返或长期签证，限制中资企业中方人员数量，工作签证比较难办，手续繁杂，劳务人员进入较困难等。

摩尔多瓦市场准入门槛有所提高，其自独立后采取的最重要政策是融入欧盟。1998 年与欧盟签署伙伴合作协议，2003 年被列入欧盟候选成员国名单，2004 年与欧盟签署合作协议附加议定书，2005 年签署《摩尔多瓦—欧盟共同行动计划》，为摩加入欧盟提出了一系列严格的改革内容，规定了详尽的应达到的要求和标准以及达标的时间限定，包括在政府运作机制、法律规则的制定和操作、司法审判的透明和公正、打击影子经济和反贪污腐化、国家对私有经济的保护以及专利、知识产权保护等方面。《摩尔多瓦—欧盟共同行动计划》的签订标志着摩在融入欧洲的道路上向前迈进了一大步。通过该计划，摩尔多瓦将逐步进入欧盟内部市场，纳入欧洲运输、能源和通讯网络，商品、服务、资本和人员实现自由流动。随着摩尔多瓦加入欧盟，摩尔多瓦在一系列领域和行业逐步向欧盟标准靠拢。而欧盟对外资项目的技术准入标准、行业标准、环保标准等要求无疑将加大中国企业在摩尔多瓦的投资难度。

开展劳务领域的合作存在诸多困难。摩尔多瓦本身劳务力量匮乏，但却是劳务输出国。受国情和企业财力限制，摩尔多瓦现阶段不可能为外来劳务人员提供较高的劳动报酬。在实行欧洲一体化政策以后,摩尔多瓦项目评估和实施标准均采用欧盟或同欧盟近似的标准,而在劳务用工方面则遵循欧盟旨意严格限制来自发展中国家的劳动力输入,对中国劳务控制更是严格,办理劳务签证非常困难,因此使得中国企业不得不在当地劳务市场上寻求劳务。而国家对于诸如劳动保障、医疗、养老等社会保障要求一应俱全,劳动力雇用成本较高;当地职工工作积极性、主动性较差,劳动效率不高,严重影响项目实施进度和企业效益。因此,从目前情况看,劳务输出只有在中方全包项目情况下采用自带劳务方式方可进行,单纯依靠摩尔多瓦进口劳务的方式很难实施。虽然两国在劳务方面的合作具备一定潜力,但要在短时期内使中方劳务进入该市场还存在很大困难。

从资源来看,摩尔多瓦自然资源相对贫乏,缺少硬煤、铁矿、石油和天然气。但全国境内蕴藏着丰富的非金属富矿,主要有建筑材料(大理石、石膏、玻璃沙土、石灰岩、沙土、硅藻土、陶土等)、磷钙石、褐煤。其中硅藻土是摩尔多瓦的一种宝贵矿物资源。摩尔多瓦还盛产高品质绿色、黄色和红褐色粘土(制砖、制陶、瓷器不可缺少的原料)。摩尔多瓦地下水资源丰富,但是摩饮水供应网络设备陈旧,维护落后,近90%农村居民家中没有基本的用水设施,半数摩尔多瓦居民无法获得合格的饮用水和污水处理服务。

从经济结构上看,摩尔多瓦农业增加值占其国内生产总值的12%左右,农业就业人员占就业总数的33%以上。摩尔多瓦国土面积的80%是黑土高产田,适宜农作物生长。种植业占农业总产值的70%,主要农作物有玉米、冬小麦、大麦、裸麦;主要经济作物有烟草、甜菜、大豆、向日葵、大麻、葡萄等,尤其以葡萄种植业最为知名;草药、香精、玫瑰油、母菊油、熏衣草油、鼠尾草油等享誉国际市场。摩尔多瓦工业以食品加工工业、重工业、轻工业为主。摩尔多瓦食品工业较发达,主要包括葡萄酒酿造、肉类加工和制糖。轻工业主要有卷烟、纺织和制鞋。摩尔多瓦工业的致命弱点是对外部提供原料、能源和技术的过度依赖。

从交通运输情况来看,摩尔多瓦基础设施主要继承于苏联,独立后原有基础设施因缺乏维护。2014年67%的国道和75%的区道处于损坏待维修状态,大量设施亟须新建和修复。尽管摩尔多瓦当局加大了对公路、桥梁、铁路和港口的建设力度,但资金匮乏仍是制约其基础设施发展的主要障碍。铁路在全国的交通运输中占主导地位,全国72%的货物运输依靠铁路。摩尔多瓦国家航空公司1992年加入国际航空联盟,2012年与欧盟正式签署了互相开放空域的协议。摩尔多瓦的两条河流普鲁特河和德涅斯特河,分别在摩尔多瓦境内长716千米和640千米,全程实现航运,连接摩尔多瓦的许多城市和乡村。根据中国驻摩使馆经商处宋学军参赞提供的资料,摩政府2013年批准了《2013—2022年交通与物流战略》,计划到2022年修建公路7000多千米,另有93%的公路需要修复。客运列车平均时速只有35～40

千米/小时，是欧洲少数没有实现铁路电气化、入盟亟须修建宽轨与标准轨兼用的国家之一。摩尔多瓦宏观环境数据见表1。摩尔多瓦税种及税率见表2。

表1 摩尔多瓦宏观环境数据

项　目	近期数据	前次数据	最　高	最　低	单　位
工业生产	10	5.5	23.5	−30.1	%
工业生产（月）	−11.3	14.3	25.9	−43.6	%
制造业生产	17.6	9.1	31.7	−31.9	%
矿业生产	−18	−14	245	−73.3	%
钢铁生产	45	45	104	0	千吨
营商环境	52	49	108	49	
腐败指数	33	35	36	21	积分
腐败排名	103	103	114	63	
库存变化	449650	−1606895	1393579	−1606895	MDL 千
竞争力指数	4	4.03	4.03	3.86	积分
竞争力排名	84	82	94	82	

数据来源：tradingeconomics.com

表2 摩尔多瓦税种及税率　　　　　　　　　　　　　　　（单位：%）

摩尔多瓦税种	近期数据	前次数据	最　高	最　低
企业所得税税率	12	12	20	0
个人所得税	18	18	20	18
销售税率	20	20	20	20
社会保障覆盖率	29	29	30	29
企业社会保障覆盖率	23	23	29	23
员工社会保障覆盖率	6	6	6	1

数据来源：tradingeconomics.com

（二）风险分析

政治风险。摩尔多瓦独立后奉行中立国政策，在某种意义上力图成为欧俄在欧洲中部地区的缓冲地带。2009年以来，摩尔多瓦右翼联合政府将融入欧洲、加入欧盟作为外交优先目标，积极发展与欧盟、美国的关系。2009—2015年，摩尔多瓦始终属于高风险或中高风险国家，在中东欧16国风险水平均值4.7之上。

2000—2015年，穆迪投资服务有限公司对摩尔多瓦国家的主权评级见表3。

表3 2000年以来穆迪投资服务有限公司对摩尔多瓦国家主权评级

评级机构	等级	未来展望	评估日期
穆迪投资服务有限公司	B3	负面	2015年7月31日
穆迪投资服务有限公司	B3	平稳	2010年8月12日
穆迪投资服务有限公司	WR	n/a	2009年10月1日
穆迪投资服务有限公司	B1	负面	2009年5月5日
穆迪投资服务有限公司	Caa1	平稳	2003年5月6日
穆迪投资服务有限公司	Ca	平稳	2002年7月11日
穆迪投资服务有限公司	Caa1	平稳	2001年7月3日
穆迪投资服务有限公司	B3	平稳	2000年4月19日

数据来源：穆迪投资服务有限公司

（三）总体评价

摩尔多瓦经济形势一直不景气，摩尔多瓦自然资源相对贫乏，尽管农业资源丰富，但工业技术落后，产业结构单一，基础设施不完善，国内就业压力大。同时，摩尔多瓦没有指定特别的鼓励投资的优惠法规，外国投资在实施中经常遇到各种各样的困难和阻力。

摩尔多瓦经济发展与建设项目资金大部分来源于欧盟等援助伙伴，在摩投资的政策成本和风险较高，市场信用环境有待进一步改善。摩尔多瓦对外籍劳工实行严格的配额制度，务工签证申请程序复杂、审批时间长。总体来讲，只要不涉及国家安全、垄断和违反环保法规，摩尔多瓦现行法律都允许外资进入。同时，在摩尔多瓦投资，也面临着较高的政治风险。

四、中摩农业合作现状与合作重点

（一）合作现状

1. 合作机制

1992年，中国和摩尔多瓦政府签订《中华人民共和国与摩尔多瓦共和国联合公报》，就中国和摩尔多瓦两国的关系做出了阐述；同年，两国签订了《中华人民共和国政府和摩尔多瓦共和国政府经济贸易协定》，旨在加强两国之间的友好合作和在平等互利的基础上发展两国的经济贸易关系。1999年，中摩经济贸易合作委员会正式成立，举行了第一次例会，签署了《中摩经济贸易合作委员会工作条例》，确立了合作委员的工作目标与机制等重要内容。

2002年,第二次中摩经济贸易合作委员会会议在摩尔多瓦首都基希讷乌召开。2006年,第三次中摩经济贸易合作委员会会议在北京召开。此次会议召开后,中摩经济贸易合作委员会会议基本每两年召开一次,召开地点在北京和摩尔多瓦首都基希讷乌。

2000年,两国在1992年《中华人民共和国与摩尔多瓦共和国联合公报》的基础上,签订了《中国与摩尔多瓦关于在21世纪继续加强全面合作的联合声明》《中华人民共和国政府和摩尔多瓦共和国政府卫生和医学科学合作协定》。2003年,中国和摩尔多瓦政府签订新版《中华人民共和国和摩尔多瓦共和国联合公报》,就双边关系现状及其发展前景和共同关心的国际问题深入交换了意见,并达成了广泛共识。同年,双方签署《中华人民共和国政府向摩尔多瓦共和国政府提供援助的换文》《中华人民共和国国家中医药管理局和摩尔多瓦共和国卫生部传统医药合作谅解备忘录》《中华人民共和国科学技术部和摩尔多瓦共和国农业和食品工业部关于在星火技术领域开展合作的谅解备忘录》《中华人民共和国卫生部和摩尔多瓦共和国卫生部关于提高卫生专业人员技能合作的议定书》等协议。2011年,中国援建的摩尔多瓦中医中心建成并正式投入运营。

2013年,农业部(现农业农村部,下同)与摩尔多瓦农业部签订在农业领域的合作备忘录,搭建起了两国农业合作的法律框架,同时双方将建立工作组来推动落实备忘录的有关内容。2014年,商务部与摩尔多瓦在北京签定《葡萄酒贸易合作备忘录》,旨在支持并促进摩尔多瓦葡萄酒进入中国市场,推动中摩双方加强合作,逐步建立两国葡萄酒贸易平台。2016年,驻摩尔多瓦大使张迎红会见摩副总理兼经济部长卡尔梅克,双方就中摩经贸合作和共同关心的问题交换了意见。

上述一系列文件的签署,为双方的农业合作奠定了坚实的政治基础,搭建了双方农业合作的框架,推动了双方包括农业合作在内的一系列合作的进行。

2. 科技合作

2013年,中国与中东欧国家农业科技交流会(由农业部国际合作司主办,农业部对外经济合作中心承办)在北京召开。其中,中东欧国家与会人员主要有塞尔维亚、克罗地亚、保加利亚、立陶宛、马其顿、罗马尼亚、波兰、摩尔多瓦等中东欧国家官员和专家学者;中国与会人员主要有中国农业科学院、中国农业大学、省市级科研单位和企业代表。此次会议旨在通过在水果、蔬菜、生物质能源、灌溉和农机等农业科技领域的专题研讨,分析中国与中东欧国家已取得的农业科技进步成果,分享农业科技创新经验和促进农业和农村经济可持续发展的重要经验,探讨未来农业科技进步方向、农业可持续发展方案及双方农业合作,促进中国与中东欧国家的农业合作以及彼此的农业科技创新和农业可持续发展。

近年来,中国与中东欧国家相关部门大力推动双方农业科技交流平台的建设工作,通过举办研讨会、进行合作研究等合作方式，促进双边在农业领域的科技合作。2010年，中国科学院广东省昆虫所与摩尔多瓦植物保护与生态农业研究所（原为苏联植物保护研究所，是独联体国家中致力于植物保护和生态农业的骨干研究所之一）签订合作备忘录，在生物资源库建设、生物农药研制（包括昆虫病原线虫、寄生性天敌、昆虫信息素和捕食螨）、互派科技人员和研究生学习、培训和交流等方面展开全方位的合作。

2016年，中国驻摩尔多瓦大使和摩尔多瓦政府办公厅主任分别代表两国政府签署经济技术合作协定，进一步加强双边各领域合作。

3. 贸易合作

自摩尔多瓦独立至今，中摩双边经贸合作形式主要以一般贸易方式进行。按摩尔多瓦统计数据，2002年前两国双边贸易从未超过千万美元，2002年后双边贸易开始出现快速增长势头并保持至今，且中方一直为顺差。按中方统计，2004年以前中国对摩尔多瓦贸易一直是进口大于出口，从2004年始中国对摩尔多瓦出口开始大幅增长，对摩尔多瓦贸易转变为顺差。尽管双方统计数据存在巨大差异，但双方数据所揭示的现实情况是，中国和摩尔多瓦两国经贸合作还停留在一般贸易的水平上，合作内容较为单一，合作水平、层次和质量都处于较低水平。两国企业曾试图改变这一状况，20世纪90年代中国大型外贸企业曾做过投资尝试，但由于摩尔多瓦当时的法规不健全等原因无果而终；国内个人和个体商户以合资名义在摩注册的一些小额贸易公司，但多是为了人员出入境方便而注册。

中摩两国双边贸易（不含服务贸易）规模不断扩大。根据UN Comtrades数据，从中国统计口径计算，2000年中摩双边贸易额812万美元，其中中国向摩尔多瓦出口20万美元，从摩尔多瓦进口792万美元。2005年，双方贸易额增至5163万美元，其中，中国向摩尔多瓦出口5149万美元，从摩尔多瓦进口14万美元。2017年，双方贸易额增至1.21亿美元，其中，中国向摩尔多瓦出口9792万美元，从摩尔多瓦进口3396万美元。2016年12月，中国与摩尔多瓦正式启动自由贸易协定谈判，双方将探讨建立自贸区，进一步挖掘经贸合作潜力，促进两国经济发展。

中摩两国农产品贸易在双边贸易中占据着重要地位。2017年，中国从摩尔多瓦进口农产品1154.17万美元，占从摩尔多瓦进口货物总额的34.0%。其中，饮料、酒及醋产品进口额高达1118.85万美元，是最主要的进口农产品（占比96.9%）；中国向摩尔多瓦出口农产品214.84万美元，其中蔬菜及水果制品71.30万美元，水产品制品为64.11亿美元，蔬菜26.63万美元，水果及坚果22.67万美元。

（二）合作潜力

现阶段，中国与摩尔多瓦经济发展势头总体良好，但经济合作规模小、质量低。1999年中摩经济贸易合作委员会成立以来，中摩双方已举行了多次中摩经济贸易合作委员会会议，并在文化、卫生和医学科学方面开展了合作。2009年，中国与摩尔多瓦签署协议向摩尔多瓦提供10亿美元（约为摩尔多瓦当年国内生产总值的十分之一）备忘录。2011年中国援建的摩尔多瓦中医中心建成并正式投入运营。同年，摩尔多瓦当局致函中国政府，希望中国企业在摩尔多瓦建立中国工业园区。

摩尔多瓦地处欧盟和独联体两个大市场之间，地理位置优越，中国的出口利益与摩尔多瓦的制造业基地存在协作优势。摩尔多瓦已在具有产业基础和交通运输站点的地区建立了自由经济园区，并制定了一系列奖励措施。在土地使用上，摩尔多瓦当局免费将农业用地转换为工业用途、并将地方和中央政府拥有的土地资源提供给入驻企业使用。在基础设施方面，摩尔多瓦当局将地方和中央政府拥有的设施和提供给入驻企业使用，并为工业园区提供基础设施建设工作。在法律程序上，摩尔多瓦也简化了相关申请和批准程序。

自摩尔多瓦独立以来，基础设施投资一直不充分，基础设施维护一直被忽视，公路、饮用水和卫生，能源和信息技术基础设施建设等急需改善，公路、铁路、机场等基础设施需要满足欧盟的标准。中企在摩尔多瓦投资的成功典型案例如，华为等中国通信公司供应了摩尔多瓦70%～80%以上的通信设备。中国在摩尔多瓦开展农业生产、食品加工、农用机械生产、交通基础设施和新能源生产拥有较大优势。

在合作基础上，双方合作历史较长、已开展了多项合作。2012年，中国与摩尔多瓦就加强双方农业合作交换了意见，拟通过科技人员互访、培训班、学术研讨会等方式，推动双方在葡萄及其产品生产、畜牧业生产及其产品加工、农产品加工与制造、农产品质量安全保障等领域的科技合作和投资合作。在合作机制上，双方签署了《中华人民共和国科学技术部和摩尔多瓦共和国农业和食品工业部关于在星火技术领域开展合作的谅解备忘录》《中华人民共和国商务部与摩尔多瓦共和国经济部关于在中摩政府间经贸合作委员会框架内加强共建丝绸之路经济带合作的谅解备忘录》等合作协议，建立起了合作机制。

（三）合作重点

水果等高附加值农产品等是中国和摩尔多瓦农业投资合作的重点。摩尔多瓦的水果尤其是葡萄是其优势产品之一，而中国在水果和蔬菜生产方面拥有悠久的历史，积累下了丰富的技术和经验。中国企业进入摩尔多瓦，投资于其水果生产，可以将中国这些丰富的技术和经验带入摩尔多瓦，推动摩尔多瓦水果产业的发展。中国的葡萄酒市场存在着巨大潜力，投资摩尔多瓦的葡萄酒产业，也将有助于推动未来摩尔多瓦对中国的葡萄酒出口和葡萄酒产业的发展。同时，摩尔多瓦的草药、玫瑰油、熏衣草油、母菊油、香精等享誉国际市场，而这些产品无论是在中国还是欧洲或者北美市场，均具有巨大的消费市场。在符合摩尔多瓦政策法规的前提下，这些产业是中国企业对摩尔多瓦进行农业投资的重点领域。此外，双方应该强化农业科技合作，尤其是水果、蔬菜生产及育种等领域的合作。

化肥、农药和农机设备也是中国和摩尔多瓦进行贸易合作的重点领域。背靠先进化学工业和机械工业的中国农业，在化肥、农药和农业机械设备生产方面拥有摩尔多瓦所不具有的优势。而实现农产品产量的提高，则需要这些农业生产资料的投入，而摩尔多瓦却缺少足够的资源去生产这些产品。因此，化肥、农药和农机设备是中国和摩尔多瓦进行贸易合作的重点领域。

一般贸易仍是今后中摩两国经贸合作的重点。应该承认，在存在上述诸多投资不便利的条件下，中国对摩尔多瓦开展较大规模的投资目前还不现实，因此，一般贸易理应成为今后两国经贸合作的重点。当前摆在两国政府管理部门和企业面前的最重要任务是如何做好、做大、做活两国贸易，把贸易的规模和层次引向深入以及如何丰富两国双边贸易商品种类和内容，尽量消除两国贸易存在的贸易不平衡问题，具体讲就是在保持中国现有对摩尔多瓦出口规模和平稳提高出口规模的同时，如何扩大中国自摩尔多瓦的进口数量和规模，这对促进两国双边合作具有重要的意义。在投资条件不具备和两国国情完全迥异的情况下，紧紧抓住双边贸易这条主线未必不是明智之举，不必提倡进行回报率不明显和实施期限拖延的投资活动和如何实现两国相互投资的突破，而应将工作重点踏踏实实地放在如何寻找和抓住开展两国一般贸易的新起点和新契机上。

五、中摩农业合作建议

（一）明确合作目标

推动中国农业"走出去"，开发国际农业市场，满足国内需求，拓展农业发展空间，提升农业的资源配置力、市场控制力和全球竞争力。中国企业"走出去"到摩尔多瓦，在开发摩尔多瓦农业资源的同时，不仅能够推动企业自身的国际化进程、成长和竞争力的提升，同时也应能够充分其自身所拥有的技术实力，推动摩尔多瓦农业的发展和农产品产量的提升、粮食自给能力的提高和粮食安全水平的提高，减轻其对国际农业市场的依赖，甚至推动其农产品的净出口，增加国际农产品供应，间接满足国内农产品需求。

（二）明确合作原则

合作共赢。在自愿、平等、互利的基础上，基于双方实际需求、发展战略开展合作，以最大程度实现的合作共赢。根据摩尔多瓦自身特点以及未来发展潜力，结合中国在市场、经验及技术方面的优势，将摩尔多瓦在自然资源等领域的优势转化为其实现经济和社会自主发展的能力。在中国和摩尔多瓦的农业合作中，中国的优势不仅在资源，而且还在农业生产技术。中国企业"走出去"到摩尔多瓦，不仅要推动自身的发展，而且还要将推动摩尔多瓦农业的发展纳入到企业的责任体系中，实现合作共赢。

平等互利。在中国和摩尔多瓦的农业合作中，中摩两国应遵循在政治上是平等的、经济上是互利的原则，从有利于发展国家间平等互利的经济交往关系出发，进行合作。

义利并举。基于摩尔多瓦在资金等方面的现实困难，通过信贷等金融措施为其提供融资服务等金融和资金支持。通过法律，约束在摩尔多瓦及其他国家开展商业活动的中国企业在遵守当地法律、合法经营并承担相应社会责任。

市场运作。遵循市场化原则，发挥市场在资源配置中的决定性作用，尊重企业在资源配置过程中和市场中的主体地位，在遵循国际原则的基础上，鼓励中国企业自主决策、自负盈亏地在摩尔多瓦开展投资活动、双边贸易活动等市场化活动。

（三）合作领域

相对于摩尔多瓦，中国不仅仅在资源上拥有优势，而且在农业生产技术上也拥有优势。中国企业进入摩尔多瓦进行农业投资，不仅要推动自身的发展，也要将中国先进的生产技术和管理水平带入摩尔多瓦，推动其农业的可持续发展。此外，还应该在化肥、农药和农机设备等领域强化贸易合作。

（四）合作措施建议

在科技合作方面，企业合作为主导，科研机构和高校为辅助，政府搭台。在政府、高校、企业、科研机构等各种各样的组织中，企业是运营效率最高的组织类型。具体而言，中国和摩尔多瓦两国政府为两国合作搭建有利的合作平台，在政策上给予双方企业和科研机构合作的机会。科研机构则应着眼于先进技术和基础技术的合作研发，扩展学术交流，通过共同设立科研机构和人才教育机构，加强科研合作和人才培养，将双方的优势充分结合。而企业合作则应着眼于技术的应用合作，可以通过建设合资企业或者合资建立研发机构，进行农业技术和农产品生产上的合作。在农产品贸易合作方面，通过推进强化自贸区建设，提升中国和摩尔多瓦贸易合作水平。

在农业投资方面，中国和摩尔多瓦应该制定合理的政策，鼓励双方企业到彼此国家进行农业投资，充分发挥彼此的农业资源优势和市场资源优势。而中国企业在"走入"到摩尔多瓦进行农业投资时，也应在充分了解摩尔多瓦法律政策的前提下进行，并依据这些法律政策进行投资。可以通过租赁的方式获得当地土地的经营权，对当地土地进行投资；或者以"订单"农业形式，与当地农业种植户签订合作协议，在获得稳定的农产品供应渠道后，切入当地农产品加工市场；或者，最佳方式是以"收购"摩尔多瓦农业企业的形式，获得这些企业的市场资源、农产品供应渠道、固定资产和品牌效应等，更为快速地切入到摩尔多瓦的农业市场。更重要的是在进行农业投资时，要打好中国企业的"组合拳"。农业涉及到播种、管理、收获、运输、加工等环节，涉及种子、化肥、农药、机械设备、物流等诸多行业，中国企业在对摩尔多瓦进行农业投资时，各类企业应共同走出去，注重充分发挥协同效应，实现效益的最大化。

在合作主体上，以企业为主体。企业是参与全球市场活动的主体，其在生产、贸易发挥着重要作用，而大型跨国企业是全球贸易和投资等商业活动的主导者。在中国和摩尔多瓦双边贸易和投资活动等商业活动中，大型跨国农业企业是参与双方合作、尤其是经贸合作和投资合作的核心主体，而中小农业企业则是最为主要的参与主体，同时金融机构、中介机构、智库部门则在金融支持、信息咨询服务等领域发挥着重要作用。同时，让企业在"无政府支持"的基础上，自主参与全球的市场化竞争，真正培育具有竞争力的国家化基因，打造能够在国际农业产业链条和国际农产品市场上与大的跨国集团竞争的国际农业集团。

在政府层面，政府应该做好服务工作，强化国家长期战略规划与支持。现阶段中国和摩尔多瓦之间的贸易，应以农产品贸易、实施农业援助为主，中期以境外农业投资为主，远期以构建全球农产品供需调剂网络和农业科技与资源配置网络为根本目标。

合理布局全产业链条。农业生产链条长，涉及科研、农资研发与生产、加工、物流、仓储、销售等诸多个环节。因此，应从全产业链布局的角度出发，鼓励企业布局研发、种苗、加工、物流、仓储、码头等资本和技术密集型环节，在各环节合理布点，以形成对农业全产业链的掌控能力，提高全球农产品供需调剂网络和农业科技与资源配置网络的稳固性。在具体实施上，可以为摩尔多瓦生产者提供技术培训及服务，提高其农业生产能力；通过投资等方式帮助摩尔多瓦强化农产品加工能力，提高农产品附加值；参与摩尔多瓦基础设施建设，完善其农产品运输物流体系；提升对外投资层次，不断优化对外农业投资结构。

参考文献

高潮. 2008. 摩尔多瓦：国际援助带来投资商机［J］. 中国对外贸易，（2）：70-73.

黄立鹤. 2016. 宋黎磊. 新格局与多学科视阈下的"一带一路"研究［J］. 国际关系研究，（4）：145-149.

李长清，李斌. 2017. 抓住深化油气体制改革机遇 推进天然气供需协调发展［J］. 中国能源，39（10）：42-45.

刘合光. 2016. 关于中国农业"走出去"的战略思考［J］. 中国发展观察，（4）：28-30.

罗书宏. 2010. 摩尔多瓦 农业、基建急需外国投资［J］. 中国对外贸易，（10）：59-59.

米列娜. 2015. 摩尔多瓦与罗马尼亚和乌克兰的政治关系比较研究［D］. 兰州：西北师范大学.

史凡玉. 2015. 中国—摩尔多瓦互联互通的新机遇——访我国驻摩使馆经商处宋学军参赞[J]. 国际工程与劳务，（3）：29-32.

叶国卉，应霄燕. 2018. 摩尔多瓦民主转型的困境与反思［J］. 国际研究参考，（5）：24-30.

张长利. 2009. 摩尔多瓦《农业部门生产风险补贴保险法》及其启示［J］. 安徽农业科学，37（18）：8727-8729.

乌克兰

乌克兰共和国，简称乌克兰。乌克兰位于欧洲东部，南邻黑海，邻国众多。历史上属于基辅罗斯的核心地域，对俄国资本主义发展起到了推动作用，地理位置十分重要。乌克兰的重工业发展较为突出，在工业发展中占有相当大的比重；乌克兰具有天然的农业优势，拥有大量的黑土资源，其面积近世界黑土面积总量的1/4；近年来，其林业、木材加工业、造纸业和建材行业的水平也得到提高。目前中国经济正处在转型升级阶段，乌克兰的经济形势也在逐步回升，中国的"十三五"规划、"中国制造2025"战略与乌克兰实施的"2020年国家发展"战略在许多方面均具有合作共识，共建"一带一路"宏伟蓝图更为双方不断深化合作提供便利。

一、国家基本概况

（一）自然地理

乌克兰位于东北半球，在北纬44°～53°，属于中纬度国家，是欧洲地区国土面积第二大的国家。乌克兰与多国接壤，东北部主要的接壤国家有俄罗斯与白俄罗斯，西南部的主要接壤国家则为波兰、斯洛伐克、匈牙利、罗马尼亚、摩尔多瓦等国。

乌克兰地处东欧平原南部，地势相对较为平坦，河流较多，灌溉水源充足。第聂伯河是境内最长的河流，也是欧洲的第三大河流。河流发源于海拔200～350米的分水岭上，北面有白俄罗斯山脊，南部是亚速海低地，流经的主要国家为乌克兰。第聂伯河以基辅为界分上第聂伯河和下第聂伯河，上第聂伯河支流众多，河网密度大，流域面积大，集水范围广。第聂伯河的主要补给形式为冰雪融水，春季气温回升，大量积雪融化，径流量较大；夏季降水较少，径流量减少。

（二）人口状况

进入21世纪以来，由于乌克兰人口死亡率一直远远高于出生率，因此人口数量一直呈下降趋势（图1）。根据2001年人口统计，乌克兰人口数量为4892万人。为解决人口不断减少的问题，乌克兰推出一系列鼓励生育的政策。经过各方努力，乌克兰人口出生率有所提高，人口数量下降的趋势有所减缓，但从2013年开始乌克兰地区局势紧张，冲突不断升级造成了大规模的人口伤亡以及人口流失。2013年乌克兰总人口为4453万人，到2015年乌克兰人口为4293万人，减少了约160万[1]。根据乌克兰国家统计局2017年1月1日公布的数据显示，乌克兰目前人口总数约为4258.45万人。近年来，乌克兰外来移民不断增多，2012年峰值为6.18万移民，由于国内环境的影响2013年同比下降50%，2017年仅为1.2万人。2017年乌克兰的城市人口约为2948.23万人，占总人口的69.2%；农村人口约为1310.22万人，占总人口的30.8%。乌克兰男女比例约为46.54%。国内18岁及以上人口约为3479.93万人，占常住人口数量的八成以上，劳动力资源相对充裕[2]。全国近1/10的人口主要分布在顿涅茨克州地区，是人口最为稠密的地区，第二大人口密集地区为第聂伯罗彼得罗夫州，而人口分布最少的地区是切尔诺夫策州，仅有不到100万的人口。

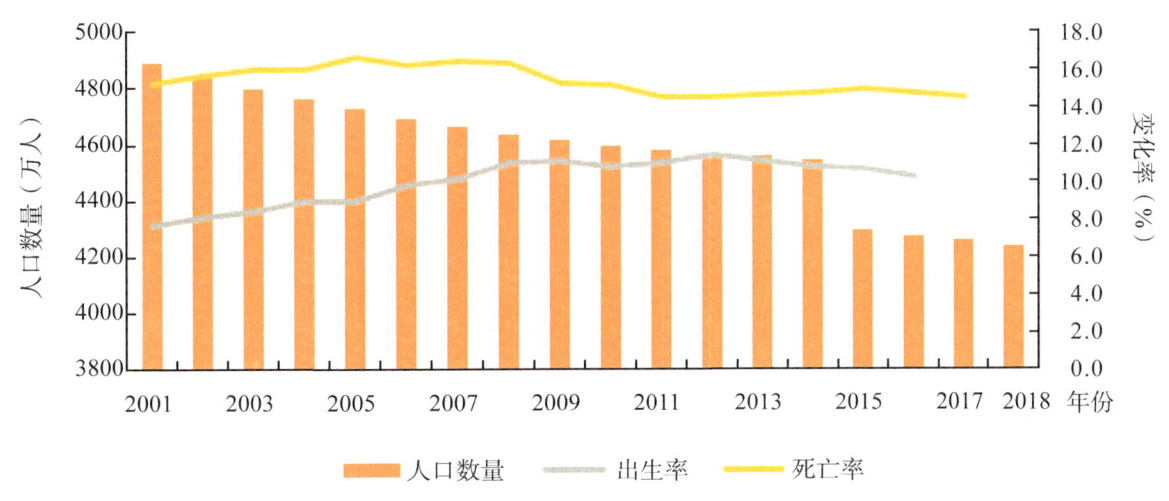

图1　乌克兰2001—2018年人口数量变化情况

数据来源：乌克兰国家统计局官网

（三）政治制度

乌克兰是苏联15个加盟共和国之一。1991年苏联解体后，同年8月24日乌克兰宣布独立，因此每年的8月24日为乌克兰国庆日。乌克兰现行货币为格里夫纳（1美元≈26.19格里夫纳）。

乌克兰议会于1996年6月通过了独立以来的第一部宪法，确定为主权、独立、民主的法制国家，实行共和制。总统为代表国家的最高元首，最高议会为立法机关，内阁为行政机关，向总统负责。2004年议会通过宪法修正案，规定自2006年1月1日起政体由总统议

---

[1] 数据不包括当时被占领的克里米亚自治共和国领土和塞瓦斯托波尔市
[2] 数据来源：乌克兰国家统计局官网

会制过渡为议会总统制。2010年10月，宪法法院经过审理判决2004年"政治改革"宪法修正案违宪，国家政体重归总统议会制。2014年2月，议会通过恢复2004年宪法效力的决议，又重回议会总统制。宪法规定，乌克兰语为官方语言，尊重俄语等其他民族语言。总统是代表国家的最高元首，由直选产生，任期5年，可以连任，但连任不能超过两届。

乌克兰分为24个州、1个自治共和国（克里米亚共和国）、2个直辖市。乌实行多党制，共有198个政党在乌司法部注册登记，其中影响较大的政党有波罗申科联盟、人民阵线、季莫申科集团、反对派联盟等。2014年3月，克里米亚共和国入俄联邦的协议被签署，但乌克兰拒不承认克里米亚并入俄罗斯。2014年9月，乌克兰议会通过了东部地区特殊地位法案，顿涅茨克州和卢甘斯克州部分区域获得了为期3年的特殊自治权。根据法案"特殊地位"并不是对顿涅茨克州和卢甘斯克州全境都适用，而只是适用于州内部分地区，并且这些地区仍然属于乌克兰的领土。

北京时间2014年5月26日凌晨，被称为"巧克力大王"的波罗申科在总统大选中选票过半，击败包括前总统季莫申科在内的多名竞争对手获胜，即便是东部州的不少民众未能参选，其得票率也大幅领先季莫申科。同年11月第8届议会选举的正式结果为拥戴总统波罗申科的政党波罗申科联盟成为议会第一大党。当年乌克兰总理亚采纽克领导的人民阵线以22.1%的得票率位居榜首，赢得64个议席，波罗申科联盟以得票率21.8%的微弱劣势屈居第二，赢得63个议席。但波罗申科联盟在单席位选区举荐的候选人多数获得胜利，其议会席位总计达到132个，人民阵线总共夺得82个议席。

（四）社会和经济发展状况

乌克兰是古老的"基辅罗斯"发源地，有着悠久的历史和文明；同时也是一个年轻的国家，在宣布独立后的20多年来不断探索适合自己的发展道路。苏联时期，乌克兰建立了雄厚的工农业基础，特别是军工力量约占苏联军工科技的25%，所以在航空航天、机械制造等领域都有较好的优势和基础力量。独立后，经过私有化改造和经济加速转型，乌克兰的工业也在不断完善，国内生产总值不断提高，经济实力不断加强，展现出了新的经济活力。

自2012年开始，乌克兰经济形势不断恶化，2013年GDP增长为零（图2）。同年年底乌克兰爆发第二次"广场革命"，新政权与欧盟签署联系国协定开启了联盟道路。由于2014年实际GDP增长率为-6.6%，2015年局势有所缓和，经济才开始逐渐复苏。在国际金融组织和西方国家的"输血"帮助下，乌克兰逐步稳定债务和金融市场，并开始按西方标准进行全面的政治、经济、社会体系改革。2016年经济形势趋于回暖并且呈现2.4%的增长，

2017年实际GDP增长2.5%，达到29829.2亿格里夫纳，人均GDP同比增长37%，达到6.54万格里夫纳[①]。目前，内需仍然是推动乌克兰经济增长的主要驱动因素，内需的扩大主要是由于国内工资水平的提高；同时投资增加以及机械制造、化工和冶金等重要领域生产的改善也进一步促进了乌克兰经济的恢复。

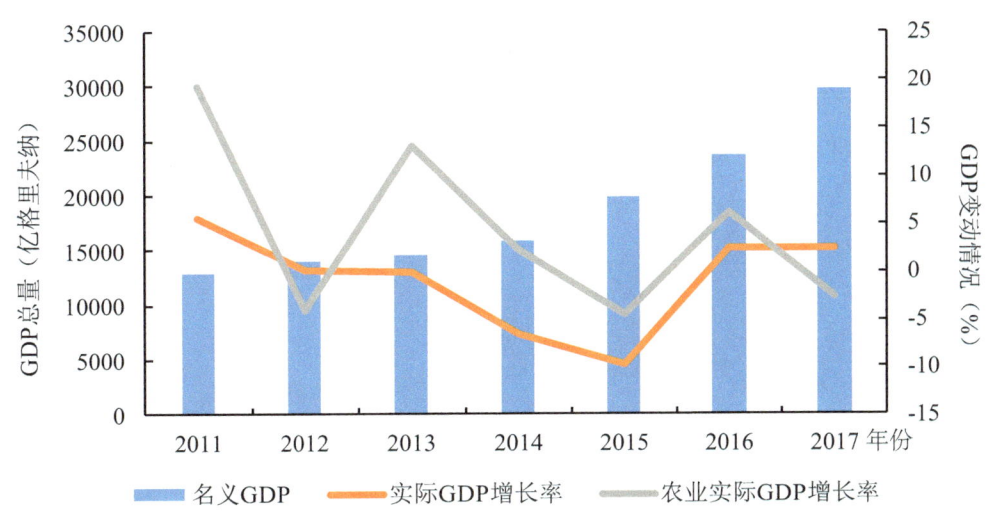

图2 乌克兰2011—2017年GDP变化

数据来源：乌克兰国家统计局官网

二、农业发展现状

（一）农业资源条件

乌克兰农业土壤可划分为5个地带：波利希耶地带、森林草原地带、草原地带、干旱草原地带、喀尔巴阡山山地，其中森林草原地带和草原地带土地肥沃，黑土地面积广，为基本的农业区。根据2015年世界银行数据，乌克兰农业用地面积41.28万平方千米，占土地面积的71.3%，耕地面积3252.6万公顷，占土地面积的56.2%，人均耕地面积0.72公顷。

乌克兰自然带大致呈东北向西南方向延伸、西北向东南方向更替。其形成原因是受纬度和地势影响，自北向南气温升高；受海陆位置影响，自西向东降水减少。所处的地理位置距离大西洋较近，受到暖湿气流影响，属于温带大陆性气候，生长期日照时间较长，昼夜温差较大，有利于粮食作物高产稳定。乌克兰一年四季气候较为温和，冬季平均气温为–4.8℃，

---

① 数据不包括当时被占领的克里米亚自治共和国、塞瓦斯托波尔市以及顿涅茨克和卢甘斯克地区

数据来源：乌克兰国家统计局官网

夏季平均气温为20.6℃。年降水量东南部为300毫米，西北部为600～700毫米，多集中在7月、8月。

乌克兰占有土地资源广阔、土壤肥沃、水源充足等绝对优势，有利于种植业和畜牧业发展。乌克兰的农业资源得天独厚，黑土资源是其发展农业最大的优势之一，同时农业用地占整个共和国领土面积的70%，是苏联的"面包篮子"，素有"谷仓"之称。乌克兰盛产谷物，北部主要种植啤酒花、黑麦、亚麻；南部的土地肥沃且靠近港口，主要种植旱作物。但由于降水少，需要投资灌溉系统，灌溉成本较高。油料作物的生产规模和产量也较大，蔬菜、水果生产规模相对较小。粮食作物以小麦、玉米、大麦、大豆、燕麦、黑麦等为主，根茎类以马铃薯为主，油料作物有向日葵、油菜籽等，糖料作物主要有甜菜。

（二）农业生产情况

1. 农业产值规模及构成

乌克兰农业以种植业和畜牧业为主，林业和渔业产值所占份额很小。2008年以来，乌克兰的种植业和畜牧业总体呈上升趋势（图3）。若按不变价格计算，2008年乌克兰种植业与畜牧业总产值为2015.64亿格里夫纳，受2008—2009年国际金融危机的影响，乌克兰种植业和畜牧业产值不同程度受到影响，出现了小幅度下降。2011年开始恢复正向增长，到2017年已经上升为6255.85亿格里夫纳，种植业在10年内实现了3.5倍增长，畜牧业产值也实现了超过2倍的增长。

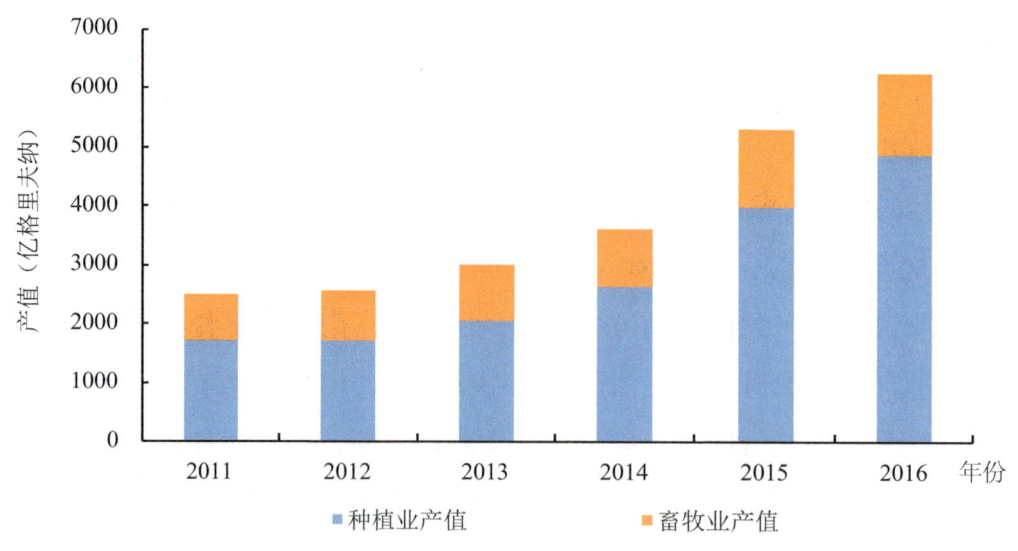

图3　乌克兰2011—2016年种植业及畜牧业发展情况

数据来源：乌克兰国家统计局官网

从农业产业结构来看,乌克兰农业以种植业为主。2008 年畜牧业的产值约占种植业的 1/2,2014 年以来种植业得到快速发展,所占份额快速上升。畜牧业产值占养殖业产值比重从 2013 年的 31.5% 逐渐下滑到 2016 年的 22.1%,种植业产值占比则从 2013 年的 69.5% 逐渐增加到 2016 年的 77.9%。

2. 主要农产品产量

(1) 种植业

乌克兰具有良好的种植业发展优势,种植业一直是其农业发展的主要行业。2008 年以来,乌克兰种植面积总体上保持稳定,2013 年以后国内冲突不断升级,部分农田受到破坏,农作物的种植面积从 2013 年的 2570.1 万公顷下降为 2014 年的 2430.1 万公顷。从各类农产品种植面积来看,乌克兰主要种植谷物和豆类植物,谷物和豆类植物种植面积占总种植面积的 60% 左右;其次为经济作物和饲用作物,其中经济作物的占比近年来不断增加,而饲用作物的种植面积不断减少。马铃薯和蔬菜种植面积所占比重相对较少,仅为 5% 和 2% 左右(表 1)。

表 1　乌克兰各类作物种植面积　　　　　　　　　　　　　　　（单位:万公顷）

年　份	总种植面积	谷物和豆类植物	经济作物	马铃薯	蔬　菜	饲用作物
2008	2494.5	1563.6	468.6	141.3	45.8	275.2
2009	2490.9	1583.7	455.4	140.9	45.1	265.8
2010	2463.2	1509.0	507.3	140.8	46.2	259.9
2011	2540.9	1572.4	527.1	143.9	49.8	247.7
2012	2551.0	1544.9	565.2	144.0	49.4	247.5
2013	2570.1	1621.0	533.1	138.8	48.3	228.9
2014	2430.1	1480.1	558.8	134.8	46.3	210.1
2015	2380.2	1473.9	534.2	129.1	44.0	199.0
2016	2445.2	1440.1	636.5	131.2	44.2	193.2
2017	2459.4	1462.4	635.0	132.3	43.9	185.8

数据来源:乌克兰国家统计局官网

小麦是乌克兰最主要的粮食作物,种植面积占谷物和豆类植物总面积的一半以上,其中冬小麦的种植面积以及产量占小麦总种植面积以及产量的九成以上。近 10 年,冬小麦的种植面积和单产都经历了先下降后增加的变化,小麦总产量也随之波动。2015 年,冬小麦产量达到历史最高水平,为 2593.74 万吨;2017 年产量略有下滑,为 2539.84 万吨(表 2)。

表2 乌克兰冬小麦生产情况

年　份	种植面积（万公顷）	单产（吨/公顷）	产量（万吨）
2008	680.2	3.71	2505.00
2009	651.8	3.12	2003.70
2010	613.7	2.68	1621.68
2011	649.9	3.39	2164.49
2012	553.4	2.80	1513.18
2013	652.5	3.41	2186.34
2014	589.8	4.02	2349.80
2015	669.6	3.89	2593.74
2016	658.5	3.93	2587.59
2017	616.8	4.12	2539.84

数据来源：乌克兰国家统计局官网

玉米是乌克兰除小麦之外最重要的谷物作物，种植面积基本维持在谷物和豆类植物总面积的30%左右。2008—2017年，玉米的种植面积呈现波动上涨的趋势，特别是在2010年种植面积有明显增加。2010年玉米的种植面积为264.76万公顷，到2013年达到482.69万公顷，受国内局势的影响，2015年略下降为408.35万公顷，近两年逐渐开始恢复，2017年达到452万公顷。玉米产量变化趋势与种植面积基本一致，总体也呈现上涨趋势，2013年达到峰值为3094.96万吨，受国际金融危机以及国内局势影响，分别在2009年以及2014年出现明显下降（表3）。

表3 乌克兰玉米生产情况

年　份	种植面积（万公顷）	单产（吨/公顷）	产量（万吨）
2008	251.60	4.69	1144.68
2009	214.90	5.02	1048.63
2010	264.76	4.51	1195.30
2011	354.37	6.44	2283.78
2012	437.19	4.79	2096.13
2013	482.69	6.41	3094.96
2014	462.69	6.16	2849.68
2015	408.35	5.71	2332.76
2016	423.65	5.63	2385.15
2017	452.00	5.51	2466.87

数据来源：乌克兰国家统计局官网

向日葵是乌克兰主要的农业经济作物之一，葵花籽是乌克兰主要的油料作物，乌克兰素有"葵花籽王国"之称。乌克兰肥沃的土地为种植向日葵提供了高品质保障。随着乌克兰葵花籽油知名度的不断深入，乌克兰葵花籽的需求不断提高，2007年以来，向日葵种植面积不断扩大，从2008年的427.95万公顷增加到2017年603.37万公顷。同时经过技术革新葵花籽单产也有所提高，2008年种植每公顷的向日葵可产出1.53吨的葵花籽，2017年可以达到2.02吨。葵花籽总产量也在这10年中实现了翻番（表4）。

表4 乌克兰向日葵种植及葵花籽生产情况

年 份	种植面积（万公顷）	单产（吨/公顷）	产量（万吨）
2008	427.95	1.53	652.62
2009	419.30	1.52	636.40
2010	452.58	1.50	677.15
2011	471.66	1.84	867.05
2012	508.17	1.65	838.71
2013	509.01	2.17	1105.00
2014	521.22	1.94	1013.38
2015	516.62	2.16	1118.11
2016	553.23	2.05	1107.56
2017	603.37	2.02	1223.55

数据来源：乌克兰国家统计局官网

（2）畜牧业

乌克兰位于世界级的黄金牧场带，全年降水较为平均，多年生牧草长势较好，给发展畜牧业带来了得天独厚的自然条件。畜牧业主要品种包括肉牛、奶牛、绵羊、山羊、猪、家禽等。2008年以来，乌克兰畜牧业发展较为缓慢。肉牛、奶牛、绵羊、山羊、猪的存栏量都有不同程度的下降，肉牛的存栏量从2008年的239.50万头下降到2017年的157.34万头。奶牛的减少也很明显，十年内从309.59万头减少到210.89万头，减少了近100万头。绵羊、山羊和猪的存栏量都经历了小幅度上涨之后的下滑，绵阳和山羊的存栏量在2010年增加到183.25万头，此后开始逐渐减少，2014年以后出现大幅度减少，2015年减少到137.11万头。猪存栏量呈现波动下降的趋势，猪的存栏量从2008年末的701.99万头增加到2011年末的796.04万头，由于受到战争的影响，2012—2013年存栏量小幅度下降，2014年再次超过790万头，此后三年存栏量逐年下降，2017年仅为666.91万头。乌克兰家禽数量自2008年以来呈现出上涨的趋势，2014年到达峰值为2.3亿只，此后家禽的存栏量维持在2亿只左右的水平（表5）。

表 5 乌克兰畜禽 2008—2017 存栏 （单位：万头，万只）

年 份	肉牛（万头）	奶牛（万头）	绵羊和山羊（万头）	猪（万头）	家禽（万只）
2008	239.50	309.59	167.86	701.99	16930
2009	222.27	285.63	172.69	652.60	17760
2010	209.02	273.65	183.25	757.66	19140
2011	186.32	263.12	173.17	796.04	20380
2012	184.36	258.22	173.94	737.32	20080
2013	209.16	255.43	173.82	757.67	21410
2014	202.52	250.88	173.52	792.22	23030
2015	162.13	226.27	137.11	735.07	21330
2016	158.37	216.66	132.53	707.90	20400
2017	157.34	210.89	131.48	666.91	20170

数据来源：乌克兰国家统计局官网

近十年乌克兰畜禽产品产量总体趋势波动。肉产量从 2008 年开始稳步上升，2013 年达到 238.94 万吨，此后出现小幅下降但是始终维持在 230 万吨以上。奶产量从 2008 年的 1176.13 万吨缓慢下滑至 2011 年的 1108.60 万吨，2012—2013 年略有提高，上升到 1148.82 万吨，此后又继续下滑，到 2017 年奶产量仅为 1028 万吨。蛋产量波动幅度较大，2008—2013 年从 149.57 万枚快速增长到 196.15 亿枚；2015 年，为 167.83 亿枚，同比减产近 15%；2016 年以及 2017 年蛋产量继续下滑。羊毛产量近十年总体呈下降趋势，2010 年达到峰值 4192 吨，2012 年开始羊毛产量一直下滑，2017 年羊毛产量仅为 1967 吨（表 6）。

表 6 2008—2017 年乌克兰畜禽产品产量

年 份	肉（万吨）	奶（万吨）	蛋（亿枚）	羊毛（吨）
2008	190.59	1176.13	149.57	3755
2009	191.74	1160.96	159.08	4111
2010	205.90	1124.85	170.52	4192
2011	214.38	1108.6	186.90	3877
2012	220.96	1137.76	191.11	3724
2013	238.94	1148.82	196.15	3520
2014	235.96	1113.28	195.87	2602
2015	232.26	1061.54	167.83	2270
2016	232.36	1038.15	151.00	2072
2017	231.82	1028.05	155.06	1967

数据来源：乌克兰国家统计局官网

3. 主要农业产业布局

乌克兰主要分为3个经济区：顿涅茨—第聂伯河沿岸经济区、西南经济区、南方经济区。

顿涅茨—第聂伯河沿岸经济区是乌克兰最大的重工业区，是乌克兰煤炭、钢铁、机械和化学工业的主要基地。铁路网密度居全国首位。本区粮食作物主要有冬小麦，玉米。经济作物主要有向日葵、甜菜。食品工业主要是制糖、肉类加工以及油脂、乳制品和罐头工业等。

西南经济区，是乌克兰面积最大、人口最多的经济区，属农业工业区，农业在全国占有主要地位，工业发展水平较低。粮食作物以冬小麦为主，此外有黑麦、大麦、荞麦、豆类作物、玉米；经济作物主要有甜菜、亚麻、烟草等。该区也是乌克兰主要的马铃薯产地和葡萄产地。此外，该区畜牧业发达，牛、猪数量占全国一半，羊的数量占全国1/3。工业以食品工业、机械工业和化学工业为主。制糖、罐头、乳品和肉类加工、酿酒等食品工业部门较发达，其中仅糖厂就有100多家，每年产糖400万吨。

南方经济区，是面积和人口最小的经济区，工业、农业、海运和旅游业发达。本区矿产以铁矿石、石灰石和石料为主，克里米亚蕴藏天然气，但森林资源较贫乏。本区主要工业为机械工业和食品工业。农业以种植业为主，主要种植冬小麦、大麦、玉米。水稻种植面积占乌克兰一半，主要种植区为克里米亚半岛。经济作物以向日葵、香精、油料作物、烟草和甜菜为主，水果蔬菜种植较发达。此外，该区海运和铁路运输也发达。

（三）农产品贸易情况

1. 主要农产品贸易规模

2008年以来，乌克兰的农产品贸易规模在逐步扩大，从2008年的103.58亿美元波动上涨至2017年的220.58亿美元，年均增长11.7%。

乌克兰在世界农产品贸易市场上始终占有一席之地，长期保持贸易顺差，2017年贸易顺差额达134亿美元（图4）。从乌克兰农产品贸易的发展历程来看，2007年农产品出口额为62.48亿美元，2012年迅速增加至178.51亿美元，年均增长11.6%。2012年以后，乌克兰农产品出口额稳定在140亿～170亿美元。进口方面，2007—2013年，乌克兰农产品进口额从41.11亿美元增至81.84亿美元，期间除2009年有明显下滑外，呈现阶段性上升趋势。2014年乌克兰农产品进口额大幅下滑至60.59亿美元，2015年进一步降至34.84亿美元，2016年止跌略有回升。

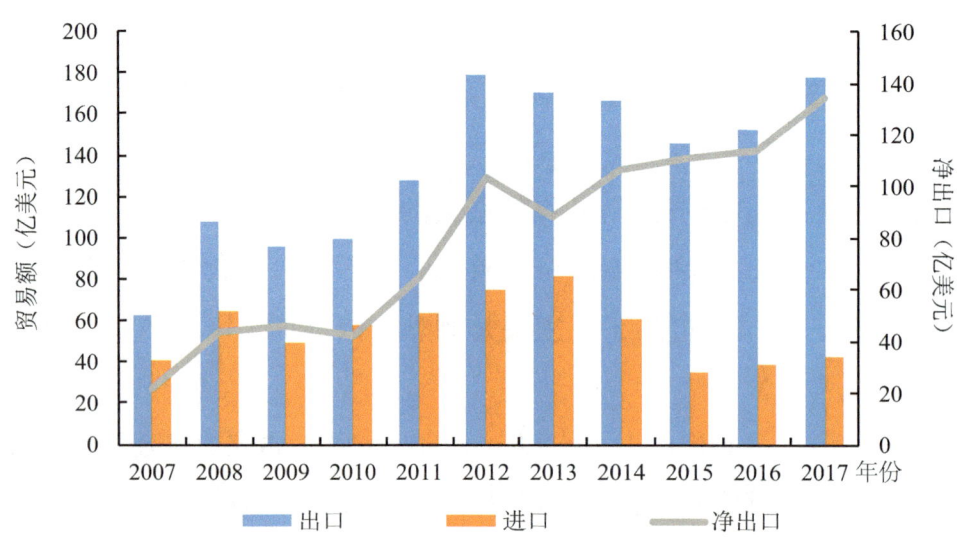

图 4 乌克兰 2007—2017 年主要农产品贸易规模

数据来源：乌克兰国家统计局官网

2017 年乌克兰农产品出口额高达 164 亿美元，比 2016 年增加近 10 亿美元。除食用油扩大出口外，食品加工类产品也增加，如糖等产品。植物类产品出口增加 18%，达 152 亿美元；动物类产品增加 40.4%，达 3.32 亿美元。乌克兰农产品的出口结构近几年并没发生太大变化。出口亚洲国家农产品占总出口额的 43%（达 70.4 亿美元），其中，出口印度达 18 亿美元；出口欧盟占 31.8%（达 52 亿美元）；出口非洲国家占 14.5%（达 24 亿美元）。2017 年乌克兰进口农产品达 41 亿美元。主要是鱼类、甲壳类和软体动物、核果、坚果、烟草及其制品、可可豆、巧克力、奶油、咖啡、茶、香料和谷物。

2. 主要贸易伙伴

据乌克兰海关统计，2017 年乌克兰货物进出口额为 927.7 亿美元，比上年（下同）增长 22.8%。其中，出口 433.0 亿美元，增长 19.0%；进口 494.7 亿美元，增长 26.3%。贸易逆差 61.6 亿美元，增长 119.6%。

分国别看，2017 年乌克兰对俄罗斯出口额为 39.5 亿美元，比上年增长 9.8%；对波兰出口额为 27.3 亿美元，增长 23.9%；对土耳其出口额为 25.1 亿美元，增长 22.7%；对意大利出口额为 24.7 亿美元，增长 28.2%，对上述四国出口占乌克兰出口总额的 26.9%；自俄罗斯进口额为 72.0 亿美元，增长 39.6；自中国进口 56.5 亿美元，增长 20.7%；自德国进口 54.3 亿美元，增长 25.9%，自波兰进口 34.1 亿美元，增长 27.6%。自上述四国进口额合计占乌克兰进口总额的 43.9%。

2017 年，乌克兰贸易逆差前五大来源地依次是德国、中国、俄罗斯、白俄罗斯和美国，逆差额分别为 36.8 亿美元、36.5 亿美元、32.5 亿美元、20.6 亿美元和 16.9 亿美元，比上年分别上升 27.1%、27.5%、108.2%、9.9% 和 34.9%。顺差主要来自埃及、印度、土耳其、荷兰和意大利，分别为 17.5 亿美元、16.5 亿美元、12.5 亿美元、10.4 亿美元和 8.5 亿美元，比上年分别为下降 21.2%、上升 16.0%、上升 31.6%、上升 130.4% 和上升 48.9%。

3. 中国与乌克兰贸易情况

中国是乌克兰重要贸易伙伴，是乌克兰第六大出口市场和第三大进口来源地。据中国海关统计，2014 年中乌双边贸易额 85.9 亿美元；其中，乌克兰对中国出口 34.9 亿美元，从中国进口 51.1 亿美元。2015 年中乌双边贸易额 61.7 亿美元，其中乌克兰对中国出口 23.9 亿美元，从中国进口 37.7 亿美元；同比下降分别为 30%、10%。2016 年中乌双边贸易额 65.2 亿美元，乌克兰对中国出口 18.32 亿美元，同比下降 23%，乌克兰从中国进口 46.87 亿美元，同比上升 24%。2017 年中乌双边贸易额 77.7 亿美元，乌克兰对中国的进出口额分别为 56.42 亿美元及 21.29 亿美元，分别同比增长 20%、16%。

21 世纪初期，中国乌克兰双边贸易额中农产品贸易额所占比例不足 5%。近几年在双方政府的积极推动下，两国农产品贸易实现了快速发展。2017 年中乌双边贸易额 77.7 亿美元，其中农产品贸易额达到 5 亿美元。

根据 UNComtrade 统计，2014 年乌克兰对中国出口农产品（HS 编码 01-10）金额共计 3.7 亿美元，2015 年达到 6.78 亿美元。2016 年，乌克兰对中国农产品出口额显著下降，仅为 4.67 亿美元，2017 年出口额下降为 4.60 亿美元。乌克兰对中国的农产品出口以谷物为主，并有少量乳制品。近年来乌克兰对中国的谷物出口呈现波动趋势，2014 年出口额为 3.68 亿美元，2015 年为 6.76 亿美元，2016 年为 4.64 亿美元，2017 年为 4.47 亿美元。2017 年乌克兰对中国乳制品出口 1170 万美元，较 2014 年 250 万美元增长了 368%。乌克兰从中国进口农产品（HS 编码 01-10）金额近几年呈现波动下降趋势，从 2014—2017 年分别为 5914 万美元、2933 万美元、3528 万美元、4100 万美元。乌克兰从中国进口农产品以水产品为主，2017 年共计进口 1130 万美元，其次为咖啡、茶叶，2017 年进口额达到 1094 万美元，畜产品进口额接近 747 万美元。

（四）农业管理体系与政策

1. 农业管理体系

乌克兰内阁下设 18 个部，农业政策和粮食部负责农业产业的发展、服务管理和政策制定，乌克兰经济发展和贸易部为国家对外贸易的行业主管部门，负责制定和执行对外贸易政策，并就具体政策协调与各部门之间的关系。

早在 20 世纪 80 年代中期，在集体经济发展的推动下，乌克兰实现了部分农业的机械化和电气化。在规模经营的条件下，发展了独具特色的草田轮作制，促进了农牧业的结合发展，保持并延续了土壤的生产力，促进了农业的持续发展。一大批国营农场和集体农庄办起了农牧产品加工厂，并开始逐渐进入流通领域，促进了农、工、商的有机结合，把农业带到产业化经营的新阶段。

乌克兰已建成的家庭农场，大多是专业性较强的农场如奶牛场、葡萄园、蔬菜棚等，其余大部分是农民在播种、整地、治虫、灌溉和收获等需要集体互助劳动时，进行换工互助，类似中国 20 世纪 50 年代初期的劳动互助组织。目前围绕农产品加工、销售和其他社会服务的私营企业和商贩，正在逐渐形成农村购销服务网点，有的还采取预购、预销的方式为农民服务。

2. 农业支持政策

在土地所有权以及农业土地使用制度方面，1992 年 3 月 13 日通过的《乌克兰土地法典》明确规定，土地是国家的基础财富，土地所有权受法律保护。土地按照用途分为农业用地、建筑和公共用地、林业用地和工业交通用地等。农业用地只能用于作物种植或农业研究，不得转让给外国公民和外国企业，公民和法人可以拥有私人土地。外国公民可以通过买卖、赠予、交换及其他合同形式获得非农业用地的所有权，也可以通过购买房产获得附属于房产地块的土地所有权，或者通过继承获得土地所有权。

2014 年以来，国家对土地租赁办法进行改革，参照中国模式允许土地长期租赁。坚持土地改革的当务之急是引入土地长期租赁制度，认为这是在禁止出售农业用地的条件下吸引投资和合理利用土地的有效途径。外资能够获得土地所有权和使用权是由于乌克兰法律允许外国公民和非居民法人获取不动产（有特殊规定的地段除外）。外国公民和法人购买的不动产依据购买合同办理手续，该合同需提前进行公证并在该国完成注册备案。除此之外，不动产所有权还需在不动产所在地进行注册登记。

在外贸管理方面，1992 年乌克兰制订了独立后的第一部《对外经济活动法》，确立了外贸管理体制的改革和发展方向，实施对外贸易自由化，融入世界贸易体系。目前涉及贸易与投资的法律除《对外经济活动法》外，主要包括 1996 年颁布实施并于 2000 年修订的《外国投资制度法》以及 2004 年颁布实施的《乌克兰海关法》。

2015 年为遏制不断恶化的经济状况，根据国际货币基金组织等债权人的改革要求，乌克兰重点对《国家预算法》《税法》等经济法案进行修改，对涉及国计民生的商品和服务税率进行调整，从法律层面保证国家经济未来发展方向不断向欧盟标准靠拢。为保证国家支付平衡和维护国内商品市场秩序，制定了进出口配额和许可证制度，提出当农产品、海产品、食品工业产品和日常生活必需品的供求严重失衡情况下，对相关的进出口商品实行许可证配额管理。

在税收方面，2016年乌克兰加入WTO后，进口关税税率均在议会网站公布。目前，乌克兰平均关税水平为6.3%，其中农产品平均关税水平为11.2%。除牲畜外，乌克兰对其他农产品出口商品免征出口关税，包括配额许可证出口管理商品。中国被列入享受优惠关税税率（50%）国家行列，中国商品只要具备以下条件，即可享受关税优惠：商品直接从中国进口；生产者为在中国注册的企业；出具FORA原产地证书。

随着国内政治、经济形势的急剧变化，政府不断调整税种及税率。2014年3月，乌克兰议会通过《关于预防金融灾难和为乌克兰经济增长建立前提条件的法律》，2014年12月，乌克兰议会通过税法修正案，调整并进一步细化各税种内容。与农业有关的税收政策也存在调整。根据新的法律内容，对酒、酒精饮料（税率39%）、啤酒（税率42.5%）、烟草制品、烟（税率31.5%）等商品征收消费税，对烟草制品额外征收5%的地方消费税。自2014年7月1日起，乌克兰烟、酒消费税增长1/4。葡萄酒消费税从每升2.86格里夫纳涨到5.2格里夫纳，不含酒精的苹果酒和黄梨酒的消费税从每升0.5格里夫纳涨到0.63格里夫纳。乌克兰固定农业税根据国家评估的当地农用土地价格计算，按照公顷计征，耕地、操场和牧场的税率为0.1格里夫纳，多年种植园为0.03格里夫纳。税法修正案决定停止对农业生产者和粮商增值税退税，但保留农业的特殊优惠制度。

3. 农业发展规划

2014年2月，乌克兰新政府上台后，执政理念与原政府变化颇大，3月通过了将经济翻番的七年发展计划。乌克兰经贸部在《改革和重建经济规划》中制订了将经济总量扩大1.7倍的七年发展计划，拟将人均GDP提升至1万美元。

2015年1月，乌克兰总统波罗申科签署了《关于"乌克兰—2020"稳定发展战略》，该战略确定了国家的发展目标、成就指标、发展方向和优先领域。"2020年国家发展"战略包括62项改革，其中8项改革和2个项目被列入优先发展行列，还确定了衡量国家发展成就的25个关键指标。8项改革包括进行国家安全和国防体系改革、权力机构更新和防腐败改革、法院和执法系统改革、权力下放和国家管理机构改革、简政放权、发展企业、医疗体系和税制改革。两个优先发展的项目是能源独立、促进乌克兰在世界信息空间实现乌克兰国家利益。

乌克兰新政府农业部提出的2020年农业和农业地区发展五年战略主要包括以下发展方向：法规实施和建立与欧盟的自由贸易区；放松农业领域管制；农业科技和农业生产发展；农业市场管理；农工综合体的国家支持问题；农业地区发展和农村资源管理。乌克兰农业部长巴甫连科强调战略将包括一批有益提高农业生产的投资项目实施。希望2020年前谷物生产达到1亿吨，粮食出口翻一番，也包括促进其他农业生产部门发展，成为欧洲领先的食品出口国之一。

2015年12月14日，乌克兰农业部长指出，尽管经济总体危机，乌克兰农业部门对本地和外国企业仍然有吸引力，预计农业部门到2020年将引进80亿美元的投资金额。为了吸引潜在的投资者，乌克兰农业部已将农业经营所需的规范性文件数量从143个减到了85个，并且设立了一个涵盖400多家国有农业企业私有化的项目。从2015年1月到9月，农业部门的资本投入同比增加了18.1%，达到7亿美元。

三、农业投资环境

（一）国家商业环境

2018年，世界银行发布的全球营商环境报告《Doing Business 2018: Reforming to Create Jobs》从10个维度对各国营商环境进行了评估。乌克兰在190个参评经济体中以65.75分排名第76，相比2017年的得分略有上升（表7）。在获得信贷方面，乌克兰比大多数国家更为快捷便利，以75分排名在29名，这有利于乌克兰资金周转，促进经济的快速发展。在办理施工许可方面同样得到了很大提高。在获得电力以及破产处理等方面，乌克兰依然存在较大的改善空间，在获得电力方面需要5道程序，平均经历281天，破产处理则需耗费2.9年的时间，成本大约占资产总额的40.5%。

表7 乌克兰的营商环境

维 度	2018年排名	2018年得分（前沿水平=100）	2017年得分（前沿水平=100）
总体	76	65.75	63.85
开办企业	52	91.05	91.03
办理施工许可	35	75.81	65.77
获得电力	128	58.80	58.45
登记产权	64	69.61	69.50
获得信贷	29	75.00	75.00
保护中小投资者	81	55.00	53.33
纳税	43	80.77	74.27
跨境贸易	119	64.26	64.26
执行合同	82	58.96	58.96
破产处理	149	28.24	27.95

数据来源：《The Global Competitiveness Report 2017—2018》

从世界经济论坛发布的全球竞争力报告《The Global Competitiveness Report 2017–2018》

来看，乌克兰的国家竞争力在137个参评经济体中排名第81。其中，在健康和基础教育方面，乌克兰表现相对突出，达到了6分的水平；但是在制度、金融市场发展、创新、宏观经济环境、商业成熟度以及技术准备等方面得分都低于4分，与大多数国家相比竞争力水平还有待提升（图5）。

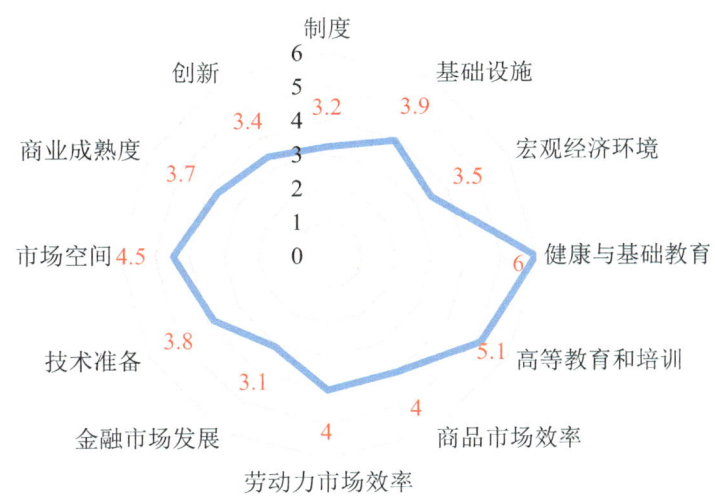

图5　乌克兰竞争力评价（满分=7）

数据来源：《The Global Competitiveness Report 2017—2018》

（二）农业优势与潜力

乌克兰地形以平原为主，耕地面积广阔，水源充足，水陆交通便利，被称为"欧洲的粮仓"。乌克兰地广人稀，人均耕地面积大，农产品丰富，为食品加工提供了充足原料，因此市场广阔。乌克兰人均收入较低，劳动力廉价；农业大学和技工学校较多，为农业生产加工提供了丰富的人才资源。

1. 自然资源优势

乌克兰地处东欧平原南部，地势平坦，是世界三大黑土带之一，拥有世界黑土面积的40%。黑土土层深厚，有机质含量高，是乌克兰发展种植业的天然优势。乌克兰属于温带大陆性气候，光照强昼夜温差较大，适宜农作物的生长。乌克兰人口较少，土地面积较广，河流以及湖泊分布较为广泛，为发展种植业提供了相对充足的灌溉水源。乌克兰是全球第三大谷物出口国，主要种植的谷物包括小麦、玉米、大麦、大豆等，其中小麦种植以冬小麦为主。除了谷物以外，向日葵也是乌克兰一大优势产业。每年葵花籽油的产量占全球总产量高达25%，是全球最大的葵花籽油出口国。肥沃深厚的土壤，充足的光照、较大的昼夜温差使得乌克兰葵花籽含油量和品质都极高。乌克兰的速冻蔬菜、浆果、果汁、肉类和奶制品出口能力也较强，在部分产品上与中国具有较好的互补。

2. 劳动力资源优势

乌克兰人口中18岁以上人口占国内总人口的八成以上，劳动力资源相对丰富，同时乌克兰农业教育资源相对丰富，具有较多素质高、受教育水平高的劳动力。目前乌克兰的劳动力成本较低，根据有关资料2017年乌克兰最低工资标准为3200格里夫纳，相当于不到900元人民币。

3. 交通便利的优势

乌克兰交通发达，运输方式齐备，形成了统一的运输网。境内公路总长24.73万千米，铁路总长23.45万千米。乌克兰的河流密布，又靠近黑海沿岸，海运和内河运输也较为发达，航空体系较为健全。借助便利的交通和运输，乌克兰能够实现规模化的农产品进出口贸易和转口贸易。中国企业可以借助乌克兰进入欧洲市场。

（三）风险分析

1. 自然环境恶化风险

乌克兰拥有着天然的农业优势，但是也存在相当严重的黑土流失问题。由于曾经大规模的机械垦殖、农药施用，大平原上地表植被受到严重破坏。失去植被保护的黑土地，极易被风力剥蚀，大量黑土被吹走，乌克兰南部因过度开垦土地，20世纪二三十年代多次发生"黑风暴"现象，部分地区黑土损失超过20厘米，严重影响到黑土肥力，导致农业生产产量下降。

除黑风暴威胁外，其他的自然灾害也在威胁着乌克兰的农业，造成农产品产量大幅波动。每年春季，由于大陆冷气团活动频繁，寒潮肆虐，而大西洋西风和来自极地的寒冷气流，形成大量的降雪，在春季气温回升过程中，积雪大量融化又易导致洪涝灾害。近年来，乌克兰全球变暖的趋势也日趋明显，许多农业主产区很多作物品种因不能适应气候条件变化而减产。

2. 人口减少导致劳动力短缺

乌克兰人口减少问题同样值得注意。1991—2013年，乌克兰的人口总量由1992年最高峰值的5205.66万人下降到4555.30万人，人口数量在十几年时间里就减少了650万人。2014年人口数量无法准确统计，但是死亡和难民外逃人数有明显增多。据联合国难民署的统计，2014年有73万人离开乌克兰前往俄罗斯。根据联合国人权事务高级专员办事处的报告，2014年乌克兰男女比例出现严重失衡的状况。新生人口不足，男性劳动力缺失，从长远看，必然造成劳动经济人口短缺，加重就业劳动人口负担。

3. 国内外政治形势稳定性较差

在国内方面，乌克兰政体在总统议会制和议会总统制之间不断徘徊，宪法也随政体的改变不断修正。由于国家政体和宪法的反复摇摆，显现出国内政治和社会的不稳定性。1996年最高拉达颁布国家宪法，规定国家实行共和制，总统是国家元首，享有大权。乌克兰于2004年爆发"橙色革命"，尤先科和季莫申科上台，同年乌议会通过宪法修正案，规定自2006年起乌实行议会总统制。2010年亲俄派的亚努科维奇担任乌克兰总统，议会裁决2004年的宪法修正案无效，重新实施1996年宪法，国家政体再度回归总统议会制。乌克兰危机爆发后，2014年最高拉达再次宣布恢复2004年宪法。乌克兰政体在总统议会制和议会总统制之间不断徘徊。

在国际方面，虽然目前乌克兰局势相对稳定，但国家发展方向也始终摇摆不定。2014年12月，乌克兰放弃了不结盟地位，2016年6月又通过一项修正案，其规定，加入北约是乌克兰外交政策目标。2018年7月乌克兰总统波罗申科签署国家安全法。该法律规定，国家安全主要利益之一是加入欧盟和北约。总体上，乌克兰国内缺乏持久的政治稳定局面，民众凝聚力不强，国际局势也增大了在乌克兰投资合作的不确定性。

（四）总体评价

总体来看，乌克兰农业投资仍具有很强的吸引力，一方面优越的自然资源、高素质低成本的劳动力资源优势和便利的交通运输条件使乌克兰农业发展具备了较好的先天优势，另一方面，乌克兰具备相对完善的农业管理体系和规模化、产业化发展基础。从国家整体营商环境来看，乌克兰在全球的排名中等偏上。近年来乌克兰政府为了改善国内营商环境，促进本国农业发展，陆续出台了相应的农业支持政策、农产品贸易政策，制定了积极的农业发展规划，并对外国投资者释放了相对友好的信号，值得投资者进行深入的考察。

在乌克兰进行农业投资最大的不确定性在于政治形势稳定性较差，一是乌克兰国家政体和宪法的徘徊，二是国家外交政策走向不明，这些都影响了乌克兰政治和经济的整体走向。另外，黑土资源流失、气候变暖、自然灾害频发以及劳动力短缺也是投资乌克兰农业必须关注的问题。

四、中乌农业合作现状与合作重点

（一）合作现状

1. 合作机制

中国与乌克兰建交以来，两国在经贸领域里签署了一系列重要的政府和部门间合作协定,主要包括《中乌政府间经贸合作协定》《中乌政府间投资保护协定》《中乌政府间关于避免双重征税和防止偷漏税的协定》《中国人民银行和乌克兰国家银行间合作协议》《中乌政府间海关合作协定》《中华人民共和国国家统计局和乌克兰统计部合作协议》《中华人民共和国和乌克兰进出口商品合作评定合作协议》《中华人民共和国和乌克兰知识产权保护协定》等,上述协定为中乌双方企业开展经济贸易合作奠定了牢固的法律基础。

2011年6月,中国与乌克兰共同签署了《中华人民共和国和乌克兰关于建立和发展战略伙伴关系的联合声明》,两国合作迈上新的台阶。2012年5月,中国乌克兰合作委员会农业合作分委会第二次会议在乌克兰首都基辅举行,此次会议的成果主要是,中国进出口银行以及中国成套工程有限公司与乌克兰财政部、乌克兰国家食品粮食集团共同签署了价值30亿美元的《中国乌克兰农业领域合作框架协议》。同年7月,乌克兰农业政策和粮食部再次与中国进出口银行达成协议共同签署了农业项目贷款合作备忘录。2013年12月,中国国家主席习近平与乌克兰前总理亚努科维奇共同签署《中华人民共和国和乌克兰友好合作条约》,中国承诺当乌克兰面临核威胁时向其提供安全保证。2015年9月7日,乌克兰中国商会成立,并与乌克兰工商会签署合作备忘录及近期合作项目框架协议。2017年12月,在中国与乌克兰政府间合作委员会第三次会议召开期间,中国商务部、农业部与乌克兰农业政策与粮食部、经济发展与贸易部共同签署《中国—乌克兰投资合作规划》(以下简称《规划》)。《规划》由中国国务院发展研究中心与乌克兰农业科学研究院共同编制,旨在充分挖掘两国农业投资合作潜力,指导两国企业充分扩大农业领域相互投资,实现优势互补、互利共赢。根据《规划》,双方将按照"政府引导、市场运作、企业主体"的原则,鼓励两国企业通过多种方式开展农业投资合作,推动重大项目攻坚,不断提高两国农业投资合作水平。

2. 科技合作

依照中国与乌克兰两国政府共同签署的科技合作协议,21世纪初中乌两国科技部和山东省人民政府审定成立中国—乌克兰高科技合作园。2002年9月两国政府科技合作第四届会议在乌克兰首都基辅市举行,将共同发展中乌高科技园列入两国政府双边合作议定书。

近年来中国和乌克兰的科技合作不断加强,农产品加工领域的科技合作不断加深。在新型粮食储存(料仓)项目,大型蔬菜生产及批发市场建设项目以及马铃薯淀粉研发生产项目均有合作。

3. 贸易合作

据中国海关统计,中乌双边贸易从建交之初的2.3亿美元增加到2015年的71亿美元,增长了30多倍。据乌方统计数据,2011年至今,中国连续五年占据乌第二大贸易伙伴国地位,尽管近年来受乌克兰本国和地区形势变化影响,乌克兰对外贸易出现下滑,但对华贸易仍始终保持增长，2016年，对华贸易占乌外贸比重接近9%。

双边投资也从无到有。截至2016年第三季度，中国企业对乌克兰直接投资虽仅为7000多万美元，但是通过直接投资和通过第三国对乌投资的项目享有广泛声誉。如中粮集团对乌克兰农业综合投资已使其成为乌前五大农业贸易企业。中国农业资本在乌布局已基本实现全产业链经营，包括种养殖、加工制造、农药、仓储、包装、物流、贸易等各个环节。

2016年5月19日，中粮集团全资子公司中粮农业在乌克兰投资7500万美元建设的DSSC码头正式投产。该码头建于乌克兰尼古拉耶夫海运商业港，具有先进的农产品中转设施，拥有完善的质量标准、环境控制及职业安全标准。该码头的投产将进一步优化乌克兰及周边国家从河流到出海口的粮食仓储物流体系，提高乌克兰进出口贸易量，也与中粮近几年来布局海外粮食物流体系的总体战略取向相吻合。

4. 投资合作

根据乌克兰国家统计局发布数据，2016年，外国投资者对乌克兰直接投资（股权）44.06亿美元，比2015年增加6.42亿美元，增长17.1%。乌克兰政府非常欢迎中国企业来乌克兰投资，建合资企业，鼓励中国企业在乌克兰租赁土地或是建立农产品加工企业。

高附加值的农产品加工是乌克兰政府最为欢迎的投资方向之一。乌克兰每年可以生产约6000万吨的粮食，出口大约3000万吨，约1500万吨需要进行加工，但粮食加工企业在乌克兰仍存在需求缺口。

除了粮食和食品加工以外，乌克兰很重视农业机械设备的发展，迫切需要国外投资者投入到农业机械设备的生产建设当中。乌克兰每年进口的农机设备价值约30亿美元，是一个庞大的市场。外商在乌克兰投资生产农机设备既能节省成本，也方便向东西方国家出口，尤其2016年以后，乌克兰与欧盟的全面自由贸易区更将带来直接的便利。

（二）合作潜力

1. 合作基础

乌克兰在谷物和畜产品方面的巨大生产潜力和产量，一方面能为中国的市场需求提供较为可靠的供给，另一方面为乌克兰创造高额的外汇收入，有助于打破乌克兰外部市场环境持续低迷的现状。

乌克兰农业投资环境具有明显的优势，主要表现在：土地资源丰富，拥有世界上1/3的黑土地，农业较发达；劳动力素质较高；战略地理位置优越，农产品辐射独联体、欧盟和北非；拥有4条通往欧洲的交通走廊及黑海周边优良海港，交通便利。反观中国，人口众多，农业发展的水土资源约束日益紧张，同时随着经济水平的不断提高，中国对农产品的消费需求日益扩大，迫切需要开拓海外农场，在保障粮食和主要畜禽产品安全供给的同时，减缓国内水土资源压力。

乌克兰农业科技的研究基础较好，一方面，表现为农业机械化和电气化程度高；另一方面，近年来，乌克兰农业科学院与独联体各国和欧盟、波兰、美国等多个国家的科研人员合作，在动植物遗传育种、微生物农药新品种的开发、农业生态环境监测、草地植物综合保护、核辐射与动植物生理等领域进展较快；同时乌克兰的许多作物包括冬小麦、马铃薯、甜菜、玉米、大麦、豌豆等具有十分丰富的种质资源。但近年来由于经济长期衰退以及通货膨胀，科研投入持续较低，科技对国民经济的贡献率降低。乌克兰在作物高产种植技术、节水灌溉、农田基础设施建设、农产品加工等方面发展缓慢。而中国近几年农业科技发展较快，在乌克兰短板的节水灌溉技术、高产种植技术和高附加值的农产品加工方面具有明显的技术优势。中国与乌克兰合作，有利于更好的挖掘农业资源潜力，提高农业产值，将对地区和世界的粮食安全产生积极影响。

2. 合作前景

中乌两国历史上就具有良好的合作关系，都是全球重要的农业大国，乌克兰有丰富的农产品产出和农业生产的巨大发展潜力，而中国在农业技术、资金和市场方面具有优势，两国开展农业合作既有共同的利益需求，又有很强的互补性，长期来看，合作潜力很大。

农业是乌克兰支柱产业之一，迫切需要外资注入，推动产业较快发展。乌克兰农业经济结构单一，竞争力弱，耕地利用率低，耕地复种指数仅为0.6；农产品精深加工能力不足，主导产业的农产品附加值较低；农产品仓储和物流等基础设施落后。为了吸引外国资本对乌克兰农业的投资，目前乌克兰农业部正加大"简政放权"的力度。而中国近年来经济发展迅猛，投资需求强烈，农业"走出去"战略的实施，推动中国资金和企业走出国门。如果乌克兰农业部推进意图较快实现，中国对乌克兰农业投资的步伐将加快。

3. 合作重点

（1）农产品贸易重点领域

乌克兰对中国出口主要体现在谷物、油料、动物油脂、乳品等产品贸易规模的扩大，肉类出口贸易也存在可能。中国对乌克兰的出口主要体现在水产品和水果等贸易规模的扩大。另外，中国的贸易合作形式随着"欧乌自贸协定"的实施也将深入发展。

（2）农业投资重点领域

中国对乌克兰农业投资可能的重点领域有以下几个方面。

农业基础设施建设方面：可投资于乌克兰灌溉系统升级，乌克兰有广博的灌溉渠系统，但过半水渠被闲置，若对灌溉系统进行升级改造，将这些水渠都投入使用，60万公顷闲置土地可进行农业生产。

农作物生产方面：可投资于农作物种植，特别是谷物和油料作物的种植。

畜牧业生产方面：可投资于生猪的生产。

农产品加工方面：高附加值的农产品加工也是最受乌克兰政府欢迎的投资方向之一。一是投资糖果类产品生产。乌克兰糖果有较强的品牌优势和产业基础，大多数原料可从本地市场获取，生产成本较低，可为中国糖果糕饼类生产提供低价原料。二是可投资于葡萄酒及烈性酒方面。乌克兰葡萄酒酿造业历史悠久，也能生产高质量的酒精产品，合资生产可以简化葡萄酒生产手续，降低生产成本。

（3）科技合作重点领域

中国与乌克兰农业科技合作将进一步开展，重点领域可能集中于以下方面。

动植物遗传育种：建议加强冬小麦、马铃薯、玉米、大麦、甜菜、生猪等动植物的遗传育种科技交流和种质资源开发利用。

微生物农药新品种的开发：如奥杰斯基国立大学在食用菌病虫害微生物防治及食用菌病虫害分类及生理学研究方面优势突出，已成功研制出用于食用菌虫害的防治生防制剂，具有较好的产业化应用前景，建议相关机构可考察选择作为合作重点。

畜牧业管理体系：乌克兰畜牧业管理体系相对完善，可在牧场管理体系改善等方面加强科技人员和管理人员的培训与交流，推动两国畜牧业相关法律的制定和实施。

现代园艺示范园建设：加强中乌双方在园艺作物新品种研发、育种基地建设、人才培训、技术服务等领域展开全方位合作，将中国先进技术在乌克兰进一步应用推广转化，建立现代园艺示范场，并在人才培养等方面加强交流与合作。

农业生态环境监测和生态农业：加强农业生态环境监测、草地资源综合保护、环境友好型农业等方面科技与实践的交流与合作，促进两国农业的可持续发展。

食品质量安全监管体系：加强食品质量安全监管体系的交流与合作，提高食品安全保障水平。

（三）重点产业

2012年5月《中国乌克兰农业领域合作框架协议》所确定的30亿美元农业大项目合作仍在探索实施阶段，是近期中国乌克兰农业合作推进的重点项目。2012年12月28日，随着中国进出口银行向乌克兰国家食品粮食集团放出项目首批15亿美元贷款，该项目合同正式生效，也标志着中乌两国进入农业领域合作全面发展的新阶段。在《中国乌克兰农业领域合作框架协议》框架下，乌克兰希望中国企业在植物保护、渔业、兽医和兽药、粮食及蘑菇种植、育种等领域有进一步投资与合作。中国也积极促进农业贸易和投资合作，为推进两国在粮食安全等国际事务上的合作而不断努力。2012年中国在乌克兰投资"中国乌克兰农业科技园"、新型粮食储存（料仓）项目、建设大型蔬菜生产及批发市场等项目。2013年新疆生产建设兵团与乌克兰KSG农业公司就利用10万公顷农田作物种植和养猪达成协议。2015年中国投资了乌克兰企业马铃薯淀粉项目。

五、中乌农业合作建议

（一）及时跟踪法律政策变化

乌克兰涉及企业经营活动的法律名目繁多，且因政权更迭法律政策调整频繁，中国企业对此要有充分准备，仔细跟踪和研究相关法律和政策的异动情况。建议投资企业与乌克兰当地的律师和法律咨询机构建立合作关系，请其协助处理企业法律事务。投资企业除了需要准确把握乌克兰的经济发展情况外，还要对该国的国情和政治局势有所了解，以及政府对经济采取的过度管制措施，乌克兰经济政策与国际规则、通行标准、国际惯例的差异等，要针对乌克兰特点制订适宜的投资规划。

（二）谨慎选择合作伙伴

企业在乌克兰开展投资合作，成功的关键之一是选择具备实力、诚信可靠的合作伙伴。建议中国企业在开展投资合作之前，对拟合作方的创建背景、经营历史、财务资信及其与政府部门之间的关系等情况进行深入调研，才能实现合作共赢。

乌克兰对外资企业实行准入制度，所涉及的部门以及相关程序较为繁杂，并且在申请格式和程序方面均有较严格的规定。建议在进行投资之前，认真学习以及解读相关法律政策，必要时通过与当地的律师和法律咨询机构合作办理相关注册和纳税手续，为经营活动奠定基础。

（三）合法经营、和谐共处

中国企业在乌克兰从事投资和生产等经营活动，必须严格遵守乌克兰各项法律规章，做到合法经营，同时需要积极加强与所在地的政府部门、执法机关和工商会的合作，要不断深化责任意识，与乌克兰各地方政府建立平等互利的合作伙伴关系。乌克兰的商业诚信体系尚有待进一步健全。2015年以来，随着乌克兰经济下滑，国内市场需求萎缩、实行外汇管制，企业支付能力整体下降。在签订贸易合同前，不仅应对贸易伙伴的资信情况、产品和服务质量有充分的了解，还应周密考虑合同各项条款，对未来可能产生的纠纷有所预见，特别是对收汇风险应有充分考虑。

（四）加强对市场行情变化的把握

目前，乌克兰的经济形势仍未完全摆脱政治动荡的影响，市场规模虽大，但并不稳定。中方企业必须及时了解市场变化，对可能出现的市场价格、供求、汇率等变化提前做好分析，制定应对预案。乌克兰消费市场层次不同，但消费者普遍重视农产品的质量和安全性。中国企业应需不断提高产品质量和经营服务水平，才能持续提升中国产品在乌克兰的市场地位。建议企业通过各种展览会、洽谈会等与乌克兰大型批发企业建立直接联系，使中国名牌商品进入乌克兰的中高档销售网络，同时完善售后服务，树立良好的中国农产品形象。

（五）扩大宣传、灵活经营

目前，乌克兰消费者对中国企业总体上仍缺乏了解。中国企业应注重利用乌克兰媒体做好广告宣传，扩大影响，灵活采用国际通行的贸易方式，立足长远目标开拓乌克兰市场。乌克兰独立至今虽然只有24年，但其民族在长期发展过程中形成了独特的传统文化和礼仪，中国企业在与其合作的过程中应充分了解当地的风土人情，尊重当地文化传统和宗教习俗，以诚相待，和睦相处。在此基础上，充分利用各种展会、国内国际论坛、各种媒体等宣传推介，提高中国企业和产品的知名度。

（六）重视劳务问题

乌克兰法律对引进外籍劳务人员有严格的规定。中国企业无论使用当地的劳动力或引进中国国内劳动力，都必须对乌克兰有关法律充分了解、严格遵守，全面核算劳动力成本，规范签订相关用工合同。在使用当地劳务人员前，应充分考察其综合素质；在引进国内劳务人员过程中，应根据有关规定，及时办理劳动许可。还要充分考虑当地的罢工传统，必要时提前与工会谈判工资待遇。承包工程的监理和验收要根据乌克兰法律和项目的具体要求严格进行。中方企业需要在工程合同谈判、签署、执行过程当中，依法行事，如业主方有超出合同规定的要求，请务必要求业主签署补充合同，收集好相关证据，以备工程验收和索赔时使用。

参考文献

储茂明.2014.乌克兰危机与中国的选择［J］.战略决策研究，5（3）：3-12.
高　潮.2012.乌克兰：国家项目期待中国投资［J］.中国对外贸易，（12）：78-79.

谷思玉，郭爱玲，汪睿，等.2012.中国与乌克兰黑土成土因素分析［J］.东北农业大学学报，43（5）：152-156.

郭丁源.2014-3-8.乌克兰局势对未来中国能源战略的启示［N］.中国经济导报，（B03）.

热妮娅.2017.乌克兰与中国经贸关系的前景和障碍［J］.中国商论，（3）：71-73.

王昕昕，杨永强，张宇鹏.2012.中国—乌克兰巴顿焊接研究院平台—国际科技合作新模式研究［J］.广东科技，21（13）：13-14.

相均泳，荆林波.2015.乌克兰危机引发的俄罗斯与西方贸易战对中国贸易的影响［J］.学术论坛，38（1）：34-39.

徐林实，C.H.伊万诺夫.2016.乌克兰社会经济发展现状对投资环境影响分析［J］.哈尔滨商业大学学报（社会科学版）.

于宏源，曹嘉涵.2014.乌克兰危机中的能源博弈及对中国的影响［J］.国际安全研究，32（4）：39-52，156-157.

张弘.2017.中国与乌克兰"一带一路"合作的风险与应对［J］.和平发展，（4）：110-122.

朱晶，张庆萍.2014.中国利用俄罗斯、乌克兰和哈萨克斯坦小麦市场分析［J］.农业经济问题，35（4）：42-50，111.

OSTAP FEDYSHYN.2017.乌克兰在中国主导的一带一路中的参与、机遇、挑战和前景［D］.北京：北京外国语大学.

PEKNA TETIANA.2011.中国对乌克兰直接投资发展研究［D］.哈尔滨：哈尔滨工程大学.

白俄罗斯

自苏联解体后，为改变长期在政治、能源、金融、贸易等方面严重依赖别国的现状，白俄罗斯逐步加快国家现代化的改革步伐，不断在政策规划、目标制定、投资环境改善、加强合作、科技提升等方面推动工农业发展，改善经营环境，推进国内经济快速发展。白俄罗斯积极同中国发展友好关系，响应中国"一带一路"倡议，以期与"一带一路"沿线国开展更大范围、更高水平、更深层次的区域合作。中白良好的政治关系、不断完善的农业合作机制以及农业合作经验为两国农业合作提供了良好的环境，各自丰富的农业资源和互补的消费空间为两国农业合作带来机遇。

一、国家基本概况

白俄罗斯全称白俄罗斯共和国，位于东欧平原，是一个内陆国家。其首都是明斯克，东北部与俄罗斯联邦为邻，南与乌克兰接壤，西同波兰相连，西北部与立陶宛和拉脱维亚毗邻。白俄罗斯是苏联加盟共和国，1991年8月25日宣布独立，1991年12月19日改为"白俄罗斯共和国"，简称为"白俄罗斯"。

（一）自然地理

白俄罗斯领土面积在欧洲国家中排在第13位。白俄罗斯范围内大多为平原，没有明显的天然障碍，这对建设交通要道和发展经济有着非常重要的作用。欧亚大陆的主干线——新亚欧大陆桥贯穿白俄罗斯领土，成为波罗的海、黑海之间最短距离，也是连接俄罗斯和西欧地区最近的通道。此外，白俄罗斯境内有两条俄罗斯的石油、天然气管道穿越，所以白俄罗斯对俄罗斯、欧盟的能源合作具有重要意义。

白俄罗斯气候属温带大陆性气候，境内温和湿润，年降水量为550～700毫米。1月平均气温–6℃，7月平均气温18℃。白俄罗斯气候为马铃薯等块根植物，亚麻等经济作物，及主要谷类作物、蔬菜、果树、灌木林的生长创造了良好条件。

（二）人口状况

2007—2016年白俄罗斯人口整体呈下降趋势，2016年人口总数为949.8万人，比2007年减少0.9%，排在独联体国家第5位。白俄罗斯共一百多个民族，其中白俄罗斯族人口最多，占比83.7%；俄罗斯族是第二大民族，占比8.3%，此外还包括乌克兰族、波兰族等其他民族。2016年白俄罗斯城市人口为737万人，占比77.6%，近两年有增加趋势；农村人口212.8万人，农村人口约是城市人口的1/3，且呈逐年减少趋势（图1）。总人口中男性人

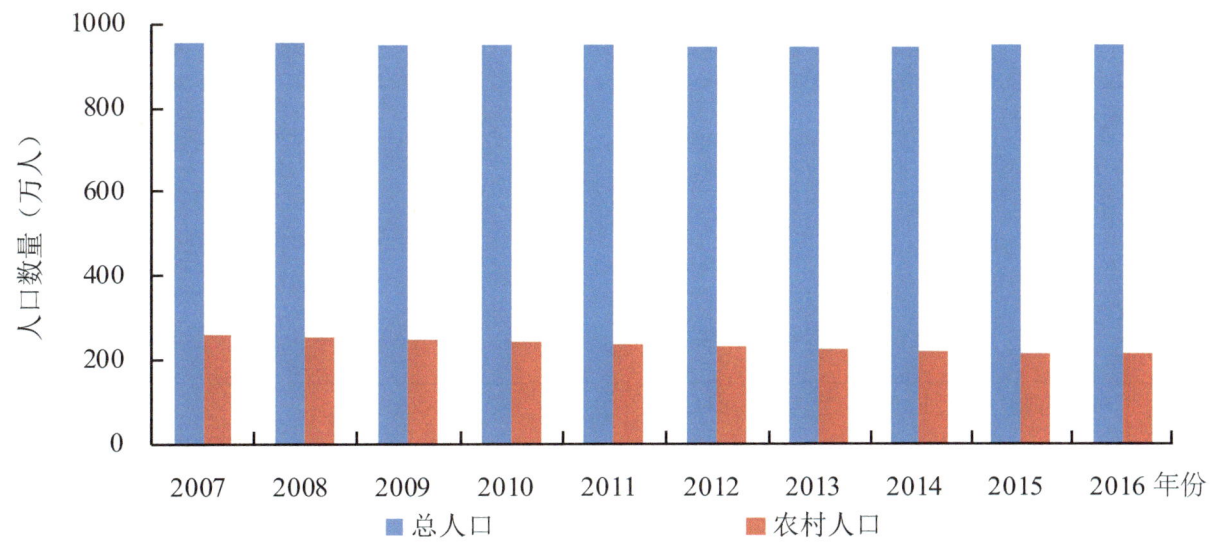

图 1　2007—2016 年白俄罗斯人口及农村人口变化情况

数据来源：白俄罗斯统计局

口为 442.1 万人，比女性人口少 65.7 万人。

（三）政治制度

白俄罗斯行政区划共分为 7 个国家一级行政区：明斯克、布列斯特、维捷布斯克、戈梅利、格罗德诺、莫吉廖夫 6 个州和具有独立行政区地位的首都明斯克市。政治体制实行总统制，亚历山大·格里戈里耶维奇·卢卡申科于 1994 年当选首任总统，并在全民公决中多次以高支持率成功继任至今。白俄罗斯议会称为国民会议，由共和国院（上院）和代表院（下院）组成，每届任期五年，国民会议选举按选区分配名额。白俄罗斯政府称部长会议，并设有部长会议主席团。司法制度方面，设宪法法院、最高法院、最高经济法院和总检察院。

（四）经济发展与产业结构

2017 年白俄罗斯国内生产总值（GDP）约 1052 万亿白卢布（现值），2010—2017 年 GDP 年均增速达 29.7%，尤其 2010—2014 年呈跳跃式增长，2014 年以后增速有所下降（表 1）。白俄罗斯 GDP 增长速度远远超过人口增加速度，因此白俄罗斯人均国内总产值随着总 GDP 的增加而迅速增加，2016 年人均 GDP 为 9993 万白卢布，是 2009 年的 6.69 倍，并保持不断增长态势（图 2）。

表1 2009—2016年白俄罗斯GDP及相关指标

项　目	2009年	2010年	2011年	2012年	2013年	2014年	2015年	2016年
GDP现值（亿白卢布）	1420910	1704660	3072450	5476170	6706880	8057930	8990980	9494900
不变价GDP同比增减（%）	—	107.7	105.5	101.7	101	101.7	96.2	97.5
人均GDP（万白卢布）	1494.6	1796.2	3243.3	5786.0	7085.2	8504.8	9474.5	9993.0

注：不变价GDP是以2009年为基期，测算当年值与上一年的百分比

数据来源：白俄罗斯统计局

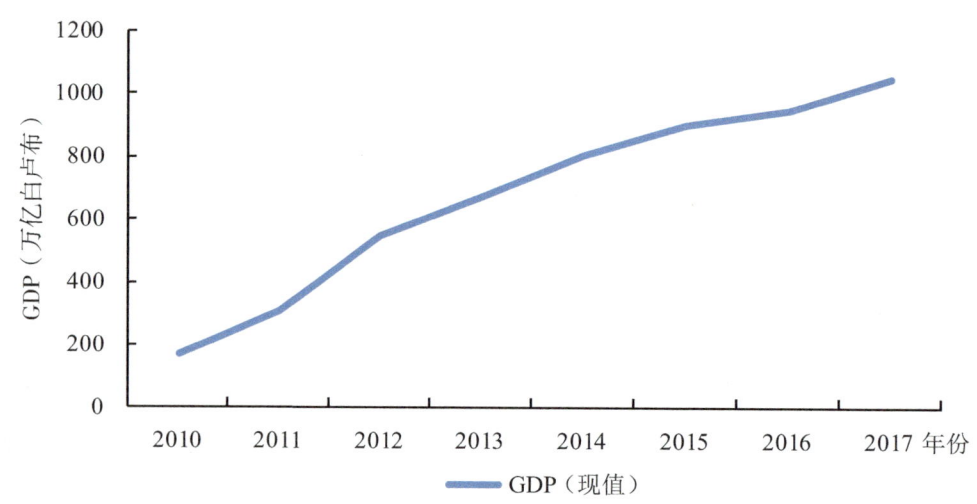

图2 2009—2017年白俄罗斯GDP变化

数据来源：白俄罗斯统计局

从产业结构来看，白俄罗斯的产业结构受到前苏联经济模式的影响，偏向于重工业发展，其机械制造业、机床、冶金等比较发达，工业产值占比较大，约为农业产值的5倍左右。2010—2017年，白俄罗斯工业和农业产值呈不断增加态势，2016年白俄罗斯工业产值达818万亿白卢布，年均增速为30.3%，其中2012年增速最大，同比增加77.2%。2016年白俄罗斯农业产值为155万亿白卢布，2010—2016年间的年均增速为23.4%，占GDP的16.3%，发展势头较快（图3）。

从进出口贸易额的变化看，2010—2016年白俄罗斯对外贸易金额呈先增后减的趋势，与进口贸易额和出口贸易额同步增减，且进口贸易额始终高于出口贸易额，呈现贸易逆差。2011年对外贸易额较2010年增加42.5%，2012年达到最高点924.64亿美元后逐年下滑，2016年对外贸易额跌至511.47亿美元（图4）。

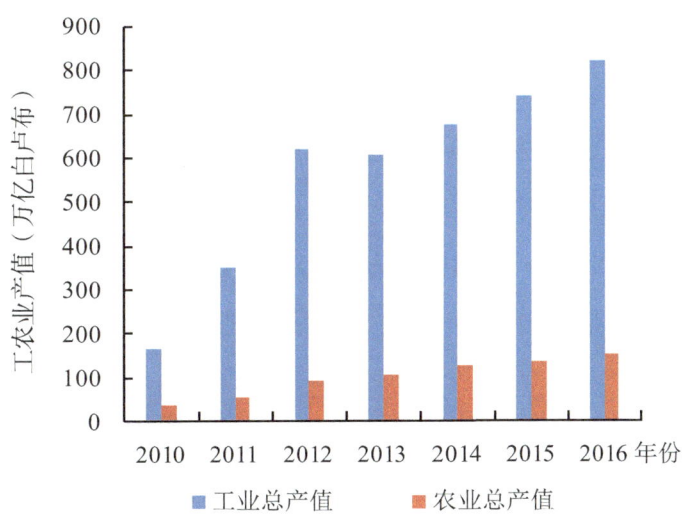

图3 2010—2017年白俄罗斯工业和农业产值变化

数据来源：世界银行

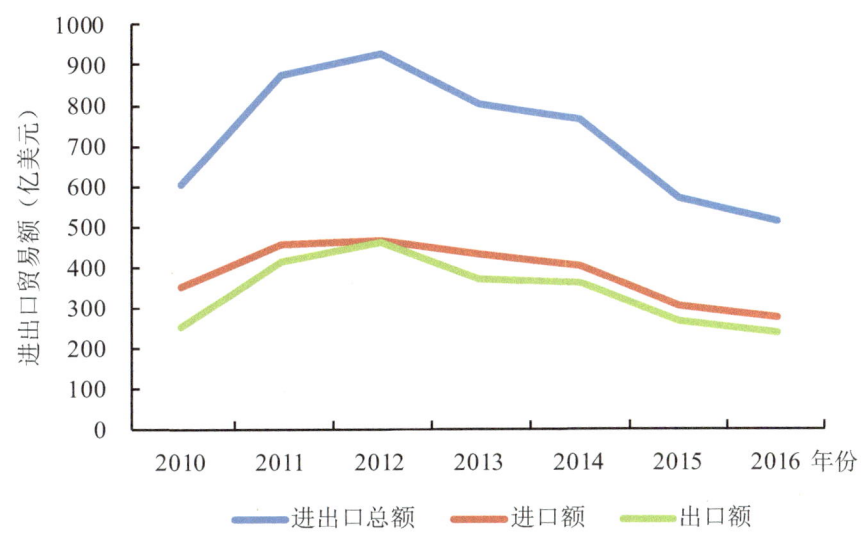

图4 2010—2016年白俄罗斯进出口贸易额变化

数据来源：UN comtrade

总体来看，白俄罗斯自身经济实力不足，对外依赖性强，其与俄罗斯在政治、安全、经济、历史文化等各个方面联系密切。同时白俄罗斯一贯注重欧亚经济一体化，反对政治一体化，倾向于通过参与多边组织来实现国家利益最大化。

二、农业发展现状

（一）农业资源条件

白俄罗斯气候条件比较适宜，水土、森林资源丰富，具有良好的自然条件，为农业经济发展提供了良好资源基础。

1. 土地资源

白俄罗斯境内地形多属平原和盆地,较为平坦,半数以上地区位于海拔 200 米以下。白俄罗斯南部为平坦辽阔的低地,中部较为平坦,西北部多为山地和丘陵,最高点为 345 米。全国耕地面积约 623 万公顷,约占国土面积的 30%,人均耕地面积为 0.22 平方米,人均土壤中草甸灰化土较多,其次是沼泽土和沙地,土质较肥沃。

2. 水资源

白俄罗斯境内河流湖泊较多,共有大小河流 2 万多条,总长 9.06 万千米。主要河流有第聂伯河、普里皮亚季河、西德维纳河、涅曼河和索日河,其中超过 500 千米的有 6 条河,最长的河流是第聂伯河。国内拥有 1 万多个湖泊,享有"万湖之国"美誉,其中最大的纳拉奇湖面积为 79.6 平方千米,另外白俄罗斯还有 130 多个水库。

3. 气候资源

白俄罗斯属温带大陆性气候,气候特点冬季温和湿润,夏季温暖,秋季多雨。一月份西南地区平均气温为 -4℃,东北地区为 -8℃,七月份平均气温在 18℃左右。全年降水量在南部低地为 550～650 毫米,中北部平原和高地为 650～750 毫米,作物平均生长期在 184～208 天。

4. 森林资源

白俄罗斯拥有近 800 万公顷的森林,覆盖率为 39%,在独联体中排名第二位。白俄罗斯森林资源以针叶林为主,主要树种是松类,其次有云杉、白桦、橡树等。白俄罗斯政府十分重视植树造林和绿化植被,2017 年新增植树造林和绿化面积达 4 万公顷,比 2011 年增长 33.3%,其中森林种植和播种面积占 85%。白俄罗斯木材储量约为 10.93 亿立方米,每年出口各种木材约 500 万吨。

(二)农业生产情况

1. 农业产值规模及构成

白俄罗斯的农业劳动生产率较高,农业劳动人口占全国劳动人口总数的近 1/4。独立前,白俄罗斯是苏联谷物、肉、奶、马铃薯、亚麻等农产品的主要产地,主要农产品自给后还向其他苏联联盟国家提供。传统的农作物为亚麻和马铃薯,产量占比为 26.6% 和 13%,位于第一、二位;粮食产量占全苏 3.4%,位于第 6 位;其他的奶、肉产量占比 7% 和 6%。

独立后,白俄罗斯农业生产结构由以种植业为主逐步转变为以畜牧业为主。2010—2016 年白俄罗斯农业产值不断增加,年均增速达 23.4%。2016 年白俄罗斯农业产值为 155 万亿白卢布，占GDP总量的16.3%。2011年及以前，白俄罗斯种植业产值高于畜牧业，2012年白俄罗斯畜牧业产值在农业总产值中占比55.1%，同比增加98.1%，超过了种植业产值，2016年畜牧业产值占比为53.7%（图5）。

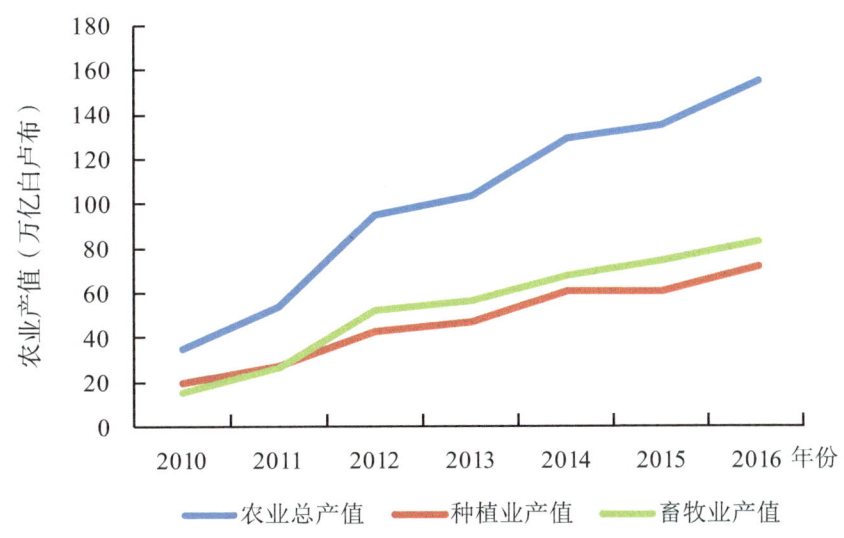

图5　2010—2016年白俄罗斯农业产值变化

数据来源：《白俄罗斯共和国农业统计书》

2. 主要农产品产量

（1）种植业

白俄罗斯主要农作物有小麦、黑麦、大麦、燕麦等谷物，经济作物有亚麻、甜菜、油菜、马铃薯等，还包括青贮玉米等饲用作物。其中亚麻是白俄罗斯特色农产品之一，一直在世界享有盛誉。白俄罗斯的亚麻、甜菜和马铃薯等产量在独联体国家中均居前列。

白俄罗斯农作物种植面积一直保持在590万公顷左右，2017年白俄罗斯主要农作物播种面积为583.4万公顷，其中，谷物和豆类面积占41.7%；饲用作物占44.1%，经济作物占14.2%。从变化趋势来看，2010—2017年谷物和豆科作物种植面积呈现先增后减的趋势，2012年达到272.30万公顷的峰值后波动下降，2017年种植面积为242.98万公顷，主要原因是种植效益低于经济作物。从产量看，2010—2017年谷物和豆科作物产量在波动中呈先增后减趋势，其中2012年最高产量为922.6万吨，2017年产量下降到799万吨（表2）。

表2 2010—2017年谷物和豆科作物种植面积和产量

项　目	2010年	2011年	2012年	2013年	2014年	2015年	2016年	2017年
种植面积（万公顷）	257.75	263.20	272.30	262.72	263.89	240.58	238.55	242.98
产量（万吨）	698.8	827.3	922.6	760.0	956.4	865.7	746.1	799.0

数据来源：白俄罗斯统计

白俄罗斯谷物主要有小麦、大麦、黑麦、玉米等，其中小麦、大麦产量较多。2010—2016年，2014年达到最高产量，分别为290万吨和225万吨。2014年后小麦、大麦产量不断下降，2016年分别降为234万吨、125万吨。玉米的产量在2015年降至22万吨后有所增加，2016年为74万吨，同比增加232%（图6）。

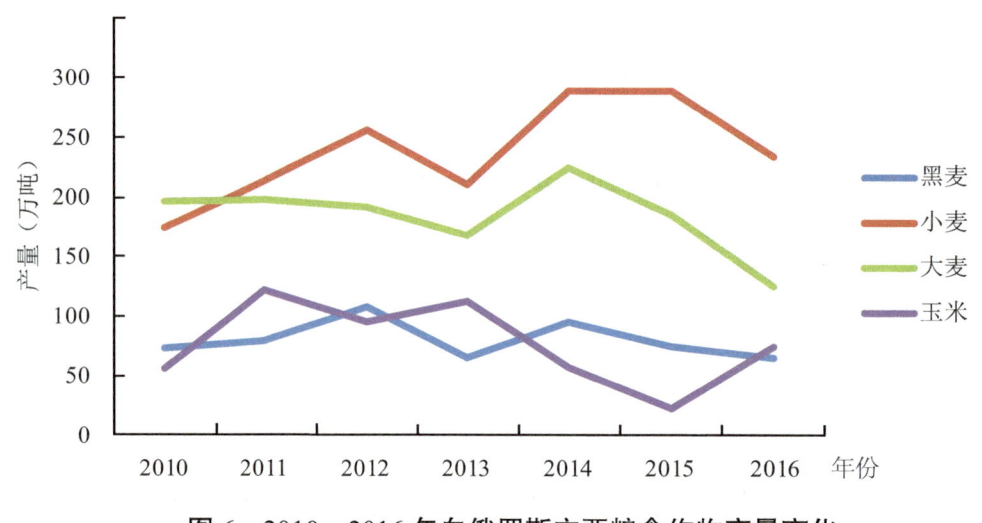

图6　2010—2016年白俄罗斯主要粮食作物产量变化

数据来源：九州大学农学部（伊东研究室）数据库

白俄罗斯经济作物种植比重仅次于谷物，以油菜、马铃薯、甜菜、亚麻以及蔬菜等为主。

2010—2014年经济作物种植面积保持在95万公顷左右，2015年、2016年由于油菜种植面积显著减少，经济作物种植面积缩减，到2017年油菜面积恢复到33.93万公顷，经济作物总种植面积也恢复。马铃薯作为白俄罗斯传统的重要出口农产品，2010年种植面积37.10万公顷，产量783.1万吨，近年来马铃薯种植面积呈下降趋势，2017年种植面积27.73万公顷，产量641.5万吨。蔬菜种植面积基本稳定在6.5万公顷左右，产量稳定在195万吨左右（表3）。

表3　2010—2017年主要经济作物种植面积和产量

（面积单位：万公顷；产量单位：万吨）

年份	亚麻 面积	亚麻 产量	甜菜 面积	甜菜 产量	油菜 面积	油菜 产量	马铃薯 面积	马铃薯 产量	蔬菜 面积	蔬菜 产量
2010	6.17	4.6	9.73	377.3	32.57	37.5	37.10	783.1	8.57	233.5
2011	6.84	4.6	10.05	448.7	31.80	37.9	34.47	714.8	7.30	181.6
2012	6.41	5.2	9.96	477.2	43.87	70.4	33.52	691.1	6.54	158.1
2013	5.68	4.5	10.19	434.3	41.71	67.6	30.86	591.1	6.63	162.8
2014	4.77	4.8	10.58	480.3	41.36	73.0	31.04	628.0	6.95	173.4
2015	4.53	4.1	10.27	330.0	25.87	38.2	31.38	599.5	6.63	168.6
2016	4.63	4.1	9.70	427.9	22.91	26.0	29.46	598.4	6.57	189.1
2017	4.74	4.2	10.15	492.7	33.93	60.3	27.73	641.5	6.32	195.8

数据来源：白俄罗斯统计局

受益于畜牧业的快速发展，2010—2016年白俄罗斯饲用作物种植面积总体呈上升趋势。白俄罗斯饲用作物种植面积从2010年的207万公顷增加到2016年的271万公顷，增幅为27%，占总种植面积的比重由3.7%增加至4.6%，产量从2275.5万吨增加到2327.3万吨（图7）。

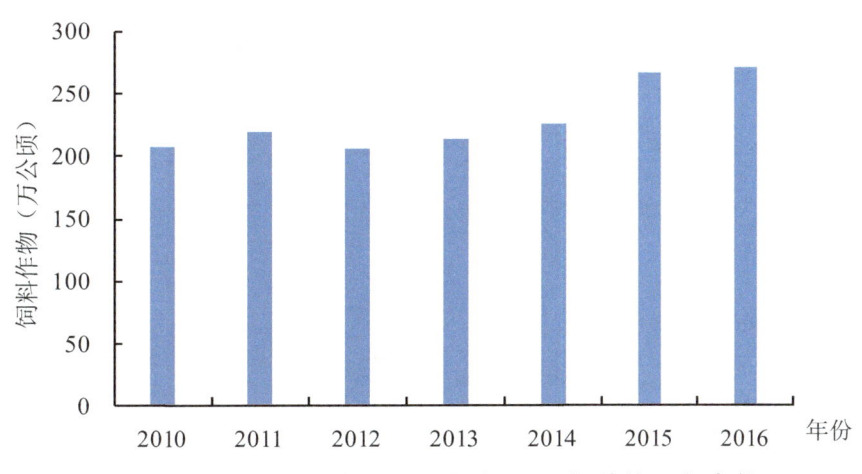

图7　2010—2016年白俄罗斯饲用作物种植面积变化

数据来源：《白俄罗斯共和国农业统计书》

（2）畜牧业

畜牧业是白俄罗斯农业的重要组成部分，2012年后畜牧业产值超过种植业产值，2016年畜牧业产值为35.41亿美元，约占农业总产值的53.7%。

白俄罗斯畜牧业呈现向优势畜种集中发展的态势，牛、马、生猪等非优势畜种养殖发展趋缓，家禽等优势畜种的养殖发展速度较快。2010—2017年，大牲畜存栏数量呈波动下降。

2017年白俄罗斯大牲畜（猪、牛、羊、马）存栏量753.84万头，比2010年下降6.5%，其中主要是生猪养殖业发展逐渐缩减，自2012年以来生猪存栏量由424.3万头下降到2014年的292.5万头，之后基本保持在315万头左右。牛和羊的数量虽然不断增加，但增加幅度不大。家禽存栏量不断增加，2017年达到5070万只，增幅为35.2%（图8）。

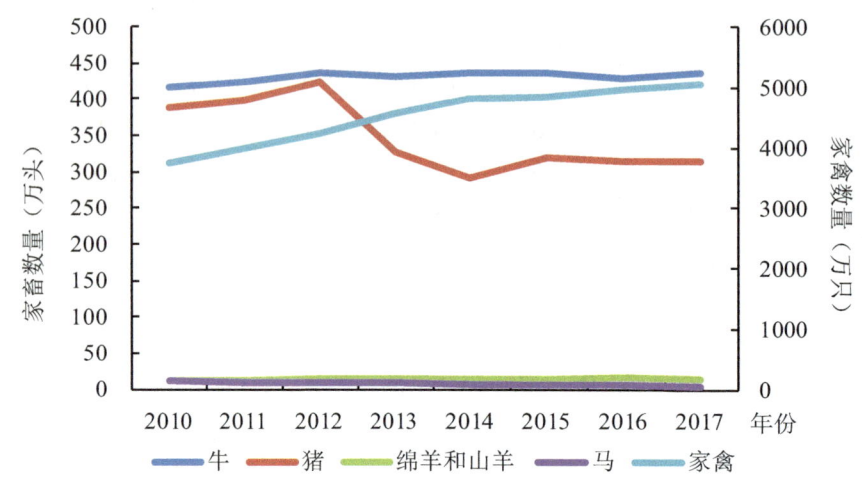

图8　2010—2017年白俄罗斯主要畜禽存栏数量变化

数据来源：白俄罗斯统计局

从畜产品产量来看，2010—2017年白俄罗斯畜产品活体、屠宰量、牛奶产量呈稳中上涨趋势，2017年牛奶产量732.2万吨，同比增加2.5%左右。禽蛋产量先增后减，于2014年达38.58亿枚后下降为2017年35.59亿枚，数量下降7.8%（图9）。

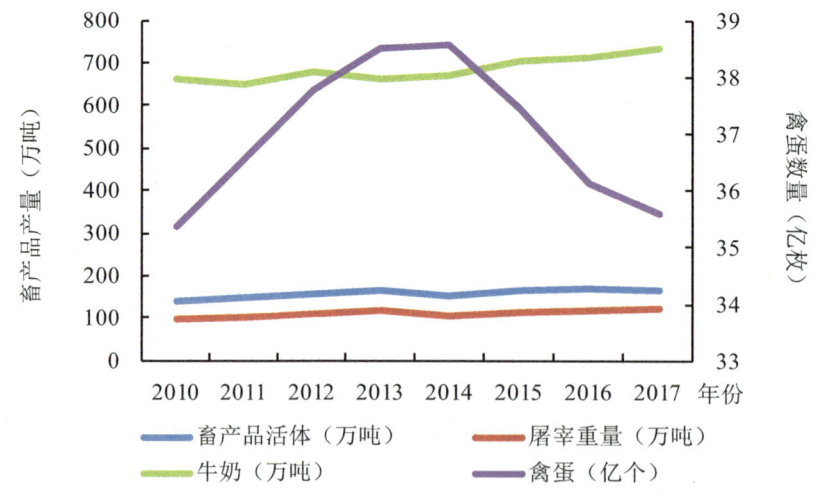

图9　2010—2017年白俄罗斯主要畜产品产量变化

数据来源：白俄罗斯统计局

（3）渔业

白俄罗斯境内河流湖泊众多，为发展淡水渔业提供了良好的自然条件。2015年白俄罗斯池塘总面积达2.52万公顷，其中国有渔场2.05万公顷，其他农业企业的渔场有0.34万公顷。水产品产量主要来自天然水面捕捞和人工养殖，其中天然水面捕捞产量仅占7.0%，93%来自人工养殖。2012—2017年白俄罗斯鱼类商业捕捞量从1.78万吨下降到1.04万吨，下降幅度达41.6%（表4）。从种类看，目前白俄罗斯主要的捕捞种类是鲤鱼，2017年捕捞的鲤鱼数量为7343.1吨，占全国总捕捞量的70.8%，鲢鱼、草鱼捕捞量分别为329.3吨、255.9吨，仅占3.2%、2.5%（表4）。

从售卖形式上看，由于渔业发展缺少保鲜的设备，再加上运输费用价比较高，所以水产品90%以上都是销售给产区周边的居民，仅有不足10%的水产品制作成罐头或熏制品在商店或渔场销售。

表4　2012—2017年白俄罗斯鱼类捕捞数量　　　　　　　　　　　　　　　（单位：吨）

项　目	2012年	2013年	2014年	2015年	2016年	2017年
总捕捞量	17761.6	15001.9	11923.6	10410.9	11251.3	10370.2
其中：						
来自天然水库	964.0	823.4	760.6	870.7	639.8	725.6
人工养殖厂	16797.6	14178.5	11163.0	9540.2	10611.5	9644.6
种类：						
鲤鱼	11765.5	9879.1	7210.9	6454.8	7888.4	7343.1
鲢鱼	1774.9	1869.9	1876.9	1271.0	541.0	329.3
草鱼	1010.1	625.0	402.8	256.9	314.0	255.9

数据来源：白俄罗斯统计局

3. 农业布局

（1）种植业

明斯克州是白俄罗斯农业主产州，其谷物和豆类等粮食作物以及马铃薯、蔬菜、饲用作物、油菜、甜菜等经济作物种植面积均为白俄罗斯首位，面积分别为7.09万公顷、1.51万公顷、55.03万公顷、6.16万公顷和3.85万公顷，占全国的23.6%、24.1%、23.0%、20.3%、26.9%和39.7%（表5）。由于亚麻喜凉爽湿润气候，耐寒、怕高温，因此，纬度最高的维捷布斯州成为亚麻种植面积最大的州，种植面积为1.27万公顷，占全国亚麻总面积的27.4%。甜菜主要来自明斯克和格罗德诺，种植面积分别为3.85万公顷和3.31万公顷，占全国总面积的73.8%。

表5　2016年白俄罗斯各州农作物种植面积　　　　　　　　（单位：万公顷）

地 区	谷物和豆类	马铃薯	蔬 菜	饲料作物	油菜（均来自农业组织）	甜菜（均来自农业组织）	亚麻（均来自农业组织）
总种植面积	238.52	29.46	6.57	270.97	22.91	9.70	4.63
布列斯特	38.11	6.02	1.37	41.52	2.88	2.07	0.52
维捷布斯克	34.03	3.15	0.66	47.58	5.84		1.27
戈梅利	39.97	4.83	1.37	54.78	1.04		0.45
格罗德诺	35.06	4.51	0.84	31.37	4.81	3.31	0.61
明斯克	56.30	7.09	1.51	55.03	6.16	3.85	0.95
莫吉廖夫	35.06	3.87	0.82	40.69	2.18	0.47	0.84

注：表中"均来自农业组织"是指此种农作物只由农业组织生产

数据来源：《白俄罗斯共和国农业统计书》

（2）畜牧业

白俄罗斯畜牧业较发达，2017年年初牛、猪等大型牲畜和家禽存栏量分别为430.24万头、315.2万头、4951.61万只，马和羊的存栏量分别为5.58万头、8.98万头。从各州来看，明斯克牛的养殖数量最多，占全国的21.8%，奶制品年生产量达百万吨。格罗德诺州的畜产品数量占全国的近60%，2017年年初猪存栏量排各州第一，为71.06万头。布列斯特州牛、马和家禽数量为85.64万头、1.13万匹和747.59万只，在全国的占比分别为19.9%、20.3%、15.1%，肉、奶及制品除满足本州需求外还用于出口。莫吉廖夫州家禽养殖数量为747.27万只，家禽存栏量占总数量的15.1%，牛和猪的存栏量也较多，分别为55.26万头和30.51万头（表6）。

表6　2017年年初白俄罗斯各州畜牧业存栏数量

地 区	牛（万头）	猪（万头）	马（万匹）	羊（万只）	家禽（万只）
总数量	430.24	315.2	5.58	8.98	4951.61
布列斯特	85.64	57.95	1.13	2.01	747.59
维捷布斯克	57.20	40.52	0.85	1.64	679.17
戈梅利	68.74	48.83	0.90	0.96	614.85
格罗德诺	69.60	71.06	0.74	1.55	579.88
明斯克	93.80	66.32	1.04	1.84	1582.85
莫吉廖夫	55.26	30.51	0.91	0.98	747.27

数据来源：《白俄罗斯共和国农业统计书》

（三）农产品贸易情况

1. 主要农产品贸易规模

（1）农产品贸易情况

白俄罗斯是一个以出口为导向的国家。近几年白俄罗斯农产品和食品的出口占商品总出口的比例不断增加，2011年农产品和食品出口份额为10%左右，2016年增加到18%，出口对象主要是独联体国家，对独联体国家的出口额占白俄罗斯出口总额的66.0%。

2010—2016年白俄罗斯农产品进出口总额呈先增后减趋势，2014年最高达104.55亿美元，2015年快速下降至89.01亿美元，下降幅度为14.9%，主要原因是2015年进出口额的同时下降。从贸易顺逆差来看，进出口贸易除2015年外均是贸易顺差状态。2010—2013年，白俄罗斯贸易顺差由4.7亿美元扩大到15.94亿美元，2013年后贸易顺差逐年减小（图10）。

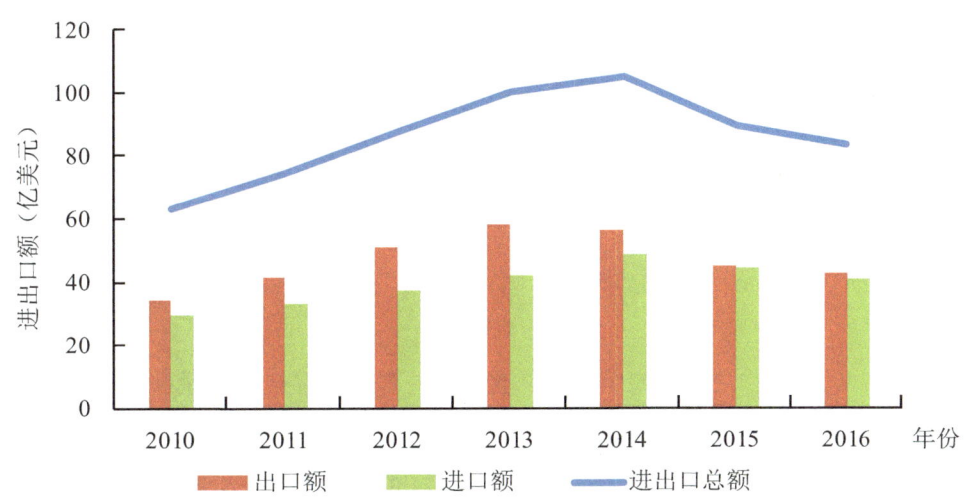

图10　2010—2016年白俄罗斯农产品进出口额变化

数据来源：《白俄罗斯共和国农业统计书》

（2）农产品贸易结构

白俄罗斯农产品出口以肉、蛋、奶、糖和马铃薯等为主，大部分出口独联体国家。出口量位居首位的是鸡蛋，2010年以来鸡蛋的出口量先增后减，2014年达到92.07万吨，2016年下降为88.53万吨；出口量排名第二的为糖类，同样是先增后减趋势，2013年出口51.61万吨，2016年降为35.16万吨；2016年奶粉、奶酪等乳制品约出口31.69万吨，肉类出口约24.99万吨（表7）。

表7 2010—2016年白俄罗斯主要出口农产品数量　　　　　　　　　　（单位：万吨）

品　种	2010年	2011年	2012年	2013年	2014年	2015年	2016年
鸡蛋	55.11	60.86	67.48	85.09	92.07	87.45	88.53
乳制品	16.54	18.32	30.06	28.70	32.34	32.49	31.69
糖	49.34	39.62	45.12	51.61	40.03	36.28	35.16
马铃薯	5.16	4.85	4.73	23.54	20.80	30.09	29.75
黄油	62.70	64.90	85.60	67.30	69.60	87.90	85.00
奶酪	12.87	13.22	14.44	14.05	16.67	18.25	20.50
肉	10.82	14.83	18.03	20.51	20.95	23.90	24.99

数据来源：《白俄罗斯共和国农业统计书》

白俄罗斯农产品进口额占商品总进口额的比例不断增加，由2011年的7.2%增加到2016年的14.8%。进口农产品主要有粮油、糖、蔬菜、水果等，其中进口量最大的是苹果、梨等水果，其次是番茄等蔬菜，以及冻鱼、鱼片等水产品。

苹果等水果为白俄罗斯进口的主要农产品，2014年以来进口量不断增加，2015年达到90.76万吨，2016年降为74.36万吨，在进口总量中所占份额最大。2016年番茄进口量为18.72万吨，同比增加29.5%；鱼肉进口量为12.13万吨，近几年变化不大；小麦等谷物的进口量为7.14万吨，同比增长18.2%；糖类的进口量为1.93万吨，同比增长22.9%（表8）。

表8 2010—2016年白俄罗斯主要进口农产品数量　　　　　　　　　　（单位：万吨）

品　种	2010年	2011年	2012年	2013年	2014年	2015年	2016年
苹果等水果	6.68	11.33	16.49	21.37	53.86	90.76	74.36
番茄	2.52	4.16	4.95	7.94	11.91	14.46	18.72
鱼	11.90	10.22	11.32	12.83	13.12	12.38	12.13
向日葵油	9.92	8.47	10.04	9.54	11.48	9.22	9.63
谷物	9.08	8.27	7.79	8.85	10.47	6.04	7.14
肉	1.03	1.44	2.23	1.40	3.17	1.92	2.28
糖	1.23	0.90	1.25	1.55	1.74	1.57	1.93

数据来源：《白俄罗斯共和国农业统计书》

（3）农产品贸易趋势

白俄罗斯农业的发展离不开国内3类农业主体：农业组织、私人农场、家庭农户。粮食作物、马铃薯、蔬菜、饲用作物主要来自农业组织、私人农场、家庭农户,而油菜、甜菜、亚麻等经济作物仅来自农业组织。随着甜菜、油菜、马铃薯、蔬菜产量的不断增加,白俄罗斯弥补了国内蔬菜生产上的不足,为调整国内粮食和蔬菜结构奠定了良好基础。

畜牧业方面,国内畜产品均来自6个州的农业组织、私人农场和家庭农户。白俄罗斯作为世界上乳制品出口较大的国家之一,其乳制品、鸡蛋等在国际市场上具有明显竞争优势。白俄罗斯在乳业方面广泛采用先进技术和管理方法,乳品产量高、质量优。近年来,白俄罗斯牛奶、畜禽活体、胴体产量的增加推动畜产品出口量的扩大,其在国际市场的份额不断增大。

渔业方面,虽然白俄罗斯具备发展淡水渔业的良好自然条件,但国内天然养殖场仅占7%,利用率也较低。此外,白俄罗斯渔业种类较少,鱼类加工有待发展,鱼类产品的附加值较低。这导致俄罗斯水产品出口不具优势。

2. 主要贸易伙伴

(1) 出口方向

依地缘优势,白俄罗斯出口对象大多为欧洲国家,白俄罗斯出口产品和服务前五的国家为俄罗斯、乌克兰、英国、德国和荷兰(图11)。

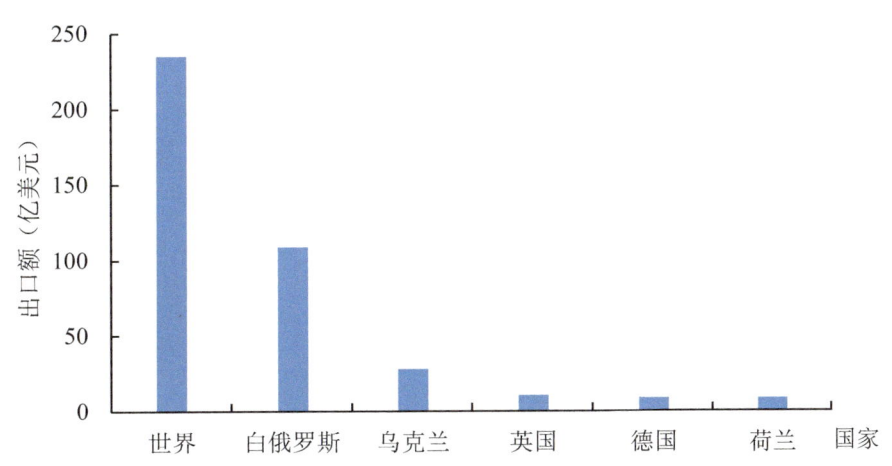

图11 2016年白俄罗斯各类商品和服务主要出口国家

数据来源:联合国商品贸易数据库

俄罗斯是白俄罗斯最重要的贸易伙伴,2016年出口到俄罗斯的各类商品和服务的总额为109.02亿美元,占比46.4%。排名第二位的为乌克兰,对乌克兰的出口总额为28.33亿美元,占12.0%。白俄罗斯出口到俄罗斯主要的农产品为乳制品类,出口金额占总金额的16.4%,肉类制品出口额占6.2%,其次为奶酪、牛奶和黄油等畜产品(表9)。

表9　2016年白俄罗斯对俄罗斯农产品出口结构（占国家出口总额之比）　（单位：%）

种　类	占　比
乳制品、鸟蛋、天然蜂蜜	16.4
肉和食用肉	6.2
奶酪和豆腐	6.2
乳制品、奶酪（未磨碎、粉末或加工过）	5.2
牛奶和奶油	3.9
黄油等	3.0
牛肉（新鲜或冷冻）	2.9

数据来源：联合国商品贸易数据库

（2）进口来源

从进口方面看，白俄罗斯最主要的进口国家为俄罗斯，其次为中国、德国、波兰和乌克兰。白俄罗斯进口俄罗斯的总数额为149.73亿美元，占据进口总额的54.2%，但进口产品多以矿物燃料、原油、天然气为主。白俄罗斯进口中国的商品总额为21.17亿美元，占其国内进口总额的7.7%，其中以蔬菜和水果类农产品为主（图12）。

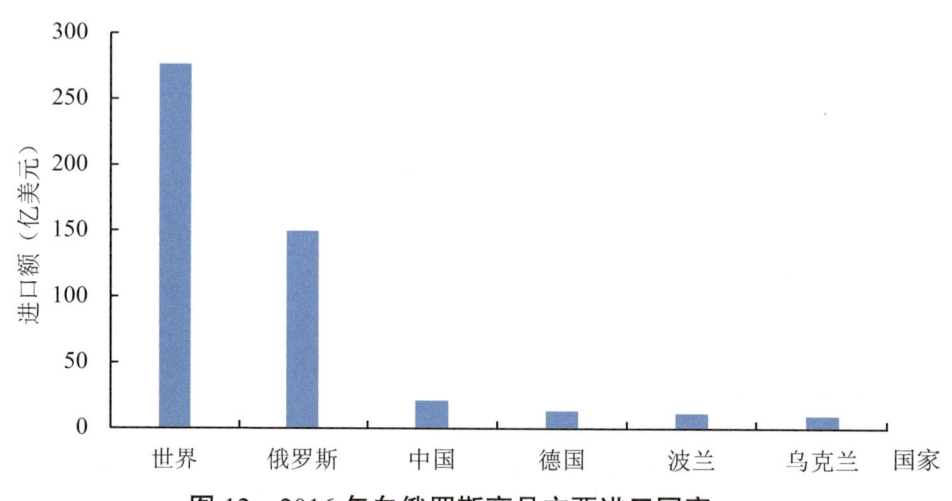

图12　2016年白俄罗斯商品主要进口国家

数据来源：联合国商品贸易数据库

3. 中国与白俄罗斯贸易情况

（1）进出口额

中国与白俄罗斯的农业合作主要表现为双边贸易。除2015年进出口额呈现逆差外，2010—2016年中国对白俄罗斯多为贸易顺差状态。2010—2016年中国对白俄罗斯的农产品出口金额不断上升，其中2013年为2899.54万美元，比2012年增加24.5%；2014年后呈缓慢下降趋势，2016年稍有回升至3282.09万美元。中国从白俄罗斯的农产品进口额整体呈上升态势，2015年进口金额为4248.65万美元，比2014年增加122.5%，2016年进口额又下降至2612万美元，中国对白俄罗斯农产品贸易恢复顺差（图13）。

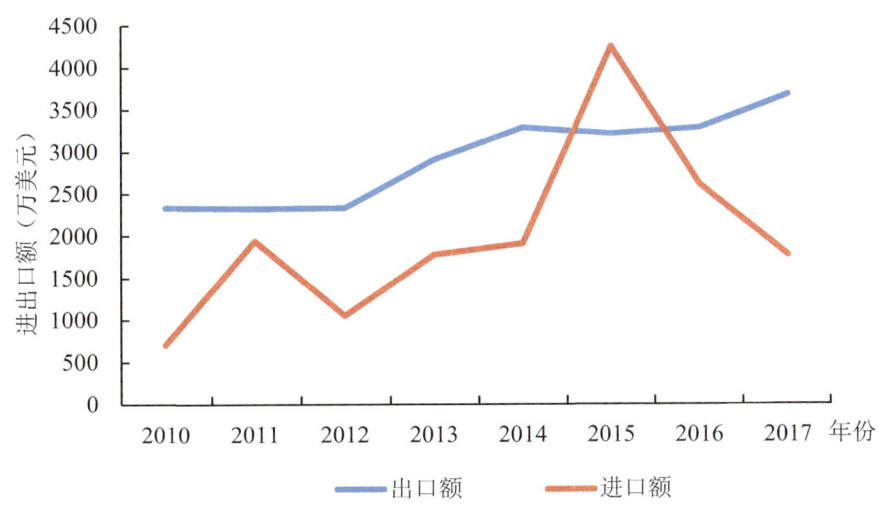

图13　2010—2016年中国与白俄罗斯农产品贸易情况

数据来源：InfoBeacon

从中国与白俄罗斯农产品贸易量来看，2015年中国出口白俄罗斯农产品减少至6272.97吨，同比下降39.1%，而金额仅下降2.2%，说明2015年中国出口白俄罗斯农产品的单价有所增加。进口方面，2015年中国进口白俄罗斯农产品30122.92吨，同比增加2.2倍左右，带动进口金额同比增加122.5%，形成贸易逆差状态（表10）。

表10　2010—2016年中国进出口白俄罗斯农产品情况　　　　　　　　　　（单位：吨）

项　目	2010年	2011年	2012年	2013年	2014年	2015年	2016年	2017年
出口量	10694	8062.56	8864.42	8463.03	10296.92	6272.97	8082.72	12629.47
进口量	5551.85	6817.31	5033.57	14438.71	13835.48	30122.92	22092.85	16367.31

数据来源：InfoBeacon

（2）进出口农产品种类

中国出口白俄罗斯的农产品包括水产品、干豆、坚果、粮食制品、蔬菜、水果、糖料、药材、饮品类、油籽等类。其中水产品出口额占总额的53%，主要原因是白俄罗斯水产品种类较少，且水产品加工相对不发达，其对水产品的进口需求比较大（图14）。

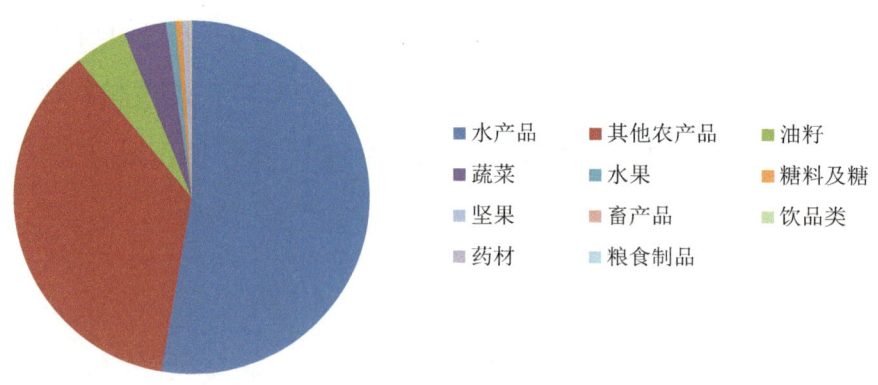

图 14　2017 年中国出口白俄罗斯农产品金额占比情况

数据来源：InfoBeacon

中国进口白俄罗斯的农产品包括畜产品、棉麻丝、粮食、蔬菜、水果、植物油等类，其中进口金额占比最大的为畜产品，占比达 48%（图 15）。进口金额占比排名第二的为棉麻丝，占比为 38%。由于白俄罗斯大面积种植经济作物亚麻，而中国因气候等原因并不盛产亚麻，因此在中国进口白俄罗斯的农产品中，亚麻金额占比较大。

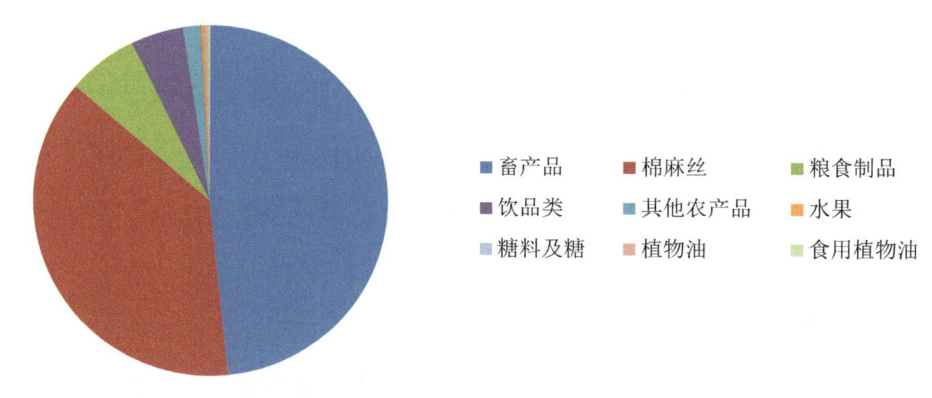

图 15　2017 年中国进口白俄罗斯农产品金额占比情况

数据来源：InfoBeacon

（四）农业科技发展

白俄罗斯有较发达的农业科研教育体系，有专门培养农业中高级科技人才的农业高等院校和各类中等农业学校。俄国时期的戈雷—戈列茨克农业学校（即白俄罗斯农业科学院的前身）具有 160 年的历史，其在 1840 年建立了俄国第一块试验田，具有丰富的种植经验。在苏联时期，该学校在土壤耕作和农作物耕作技术方面取得了许多成就。比如白俄罗斯的长纤维亚麻以高质量纤维闻名于各国。此外，白俄罗斯在畜牧业和兽医学等方面也硕果累累，如通过牲畜人工授精的方法培育出高产品种牛。从农业自动化和机械化方面看，1990年白俄罗斯农业劳动生产率已超过全苏联平均水平的28%，达到较高水平。随着白俄罗斯国内经济的衰退和科研经费的减少，独立后的科研机构也随之减少（由独立前1990年的312个减至1995年的287个），科技人才外流现象明显，农业科技研究发展相对缓慢。自1996年开始，由于经济复苏，白俄罗斯农业科技也恢复正常发展。由于白俄罗斯的化学研究和石化工业在全球处于领先地位，这对农业、食品轻工业、农机制造、信息和通信技术行业的发展有极大帮助。

在农业科研水平方面，独立之前白俄罗斯的农业科学技术在联邦加盟国家中处于较强水平。建于1929年的白俄罗斯科学院是著名的科学研究中心。1990年，白俄罗斯科学院拥有5个分院，分别包含32个科技研究机构，其基层科学工作者共有6000余人。2016年，白俄罗斯中等农学专业毕业生有31600多人，占从事农业总人口数的27.5%。目前，最主要的农业科研力量集中在国立农业科学研究院和国立农业大学。国立农业科学研究院是白俄罗斯现任总统卢卡申科的母校，在校生有11000多人。白俄罗斯国立农业技术大学前身是白俄罗斯农业机械化与电气化学院，2000年正式更名为白俄罗斯国立农业技术大学，学校下设农业机械系、农业电气化系、工程工艺系、企业与管理系、机械及电气系等，2007年曾被欧洲商贸协会评为欧洲最具创新和竞争力的高等教育机构。

白俄罗斯在农业机械、装备制造、农业技术、生物技术、生物工程等方面具有优势。此外，白俄罗斯农业科技会展发达，一年一次的白俄罗斯国际农业专业展览会是其最大的农业行业活动。

（五）农业管理体系与政策

1. 农业支持政策

为发展农业，白俄罗斯政府给予农业企业很大支持。其支持政策体现在以下几方面。

在税收方面，政府给企业很大优惠政策：5年之内除非企业开始盈利，否则国家免收企业所得税；另外，独联体国家之间互免贸易关税也给企业带来很多利好。

在投资产业方面，白俄罗斯政府认为相互促进投资和保护投资有利于发展实业的创造性，为了给外国投资者在白俄罗斯投资创造良好的条件，签署了大约60份促进（鼓励）投资实现和保护投资协议，中国与白俄罗斯在1994年签署了双边投保协议。

在土地投资政策方面，白俄罗斯规定外国投资者所有权购买土地产权，即外国投资者有权根据白俄罗斯共和国法律条文所规定的程序和条件购买土地产权。

2. 农业发展合作机制

为有效整合和优化科技资源，白俄罗斯公布《白俄罗斯科技活动优先发展方向2016—2020》，其中涉及农业领域的为第二条：优先发展农业机械化技术和生产，包括农业技术、机械和设备；耕作及畜牧业适应性技术；农产品加工和粮食生产（李丽云，2015）。

白俄罗斯十分重视农业发展，1994年把农业列为国家发展政策的"四大优先计划目标之一"。近年，白俄罗斯积极同中国发展外交，签署了一系列互利共赢的合作政策，2016年2月白俄罗斯外交部制订并出台《2016—2020年国家出口扶持和发展纲要》。纲要指出，白俄罗斯将利用并参与中国"丝绸之路经济带"框架内的合作来促进白经济现代化，扩大与中国的交通物流领域合作，与各国加强"一带一路"合作（赵会荣，2016）。

白俄罗斯与周边国家保持着友好稳定的关系，特别是与俄罗斯、丹麦、波兰等国家。近年随着中白两国高层之间沟通的增多，中白双方均希望不断加强两国交流。

在投资产业方面，因为白俄罗斯地处欧洲中心，河流与湖泊众多，水资源丰富，但其养殖总产量不高，养殖品种较单一，主要以鲤鱼为主，且附加值较低。目前白俄罗斯缺少大型的鱼产品加工企业，国内鱼类品种较少且价格高，国内鱼类加工品多依靠进口。因此，白俄罗斯政府可以鼓励养殖企业开展加工厂，对鱼类进行加工，不断提高鱼类产品的附加值，特别是可以利用"独联体国家互免关税"这一政策减少相关企业成本。

虽然白俄罗斯渔业市场广泛，但是无论水产养殖还是水产品加工，行业的不断发展同时伴随着挑战和机遇。白俄罗斯政府应根据国内实际情况利用外资，帮助两国渔业企业谋求更大的发展空间。

三、农业投资环境

（一）国家商业环境

根据《2018年营商环境报告》，白俄罗斯2018年营商环境排名37位，相较于去年排名呈现上升的状态，营商环境也不断改善。从白俄罗斯经济改革进程来看，在市场化改革发展过程中起主要作用的是政府行为，国家对经济改革战略、目标制定、政策实施的每个过程都明确了时间和详细任务。在白俄罗斯经济改革中，政府制定的政策是主动的，主要手段是行政化的，其作用也是积极的（丁如俊，2005），对国家营商环境的积极推动作用也是有目共睹。

投资合作领域方面，白俄罗斯作为欧亚经济联盟成员正进一步成为投资热点，也不断为外国投资者进一步开放国内市场。由于地处东西方重要贸易路线的交叉点，白俄罗斯政府打算进一步发展洲际交通走廊，完善物流基础设施建设，改善内部公路基础设施，并优化运输系统，从而不断改善国家营商环境。

（二）农业优势与潜力

1. 投资吸引力

白俄罗斯在经济方面作出很多改革，出台了多项措施，提高了本国经济开放程度，也使得投资环境逐年改善。白俄罗斯先后签署了《投资活动领域合作协定（1993年12月24日）》与《关于保护投资者权利公约（1997年3月28日）》，取消了"金股"制度，简化了经营主体的注册手续并避免了国家的干预。此外，在农业方面，国家对农业投资免除强制性外汇兑换义务，对于亏损农业企业的外国投资者实行3年内免缴国家支持农业生产基金的政策，不断吸引外国投资者来白投资发展。

2. 农业投资优势

（1）地理位置优越

白俄罗斯是欧盟与俄罗斯的中间地带，并位于欧洲腹地，具有贯穿四方的地理优势，境内多条铁路、公路通往俄罗斯、乌克兰及欧盟国家。新亚欧大陆桥贯穿亚欧，途径白俄罗斯地区。白俄罗斯农产品贸易以良好的区位交通设施占据较大优势。

（2）政治环境稳定

白俄罗斯独立以来国内政局稳固，与俄罗斯和欧盟等国家均保持友好关系，并积极发展与其他国家关系。近年，中白双方领导人互访不断，白俄罗斯是独联体国家中第一个由政府首脑访问中国的国家。两国在政治、经济、贸易等多个领域开展深入合作，双边关系保持稳定发展。白俄罗斯稳定的国内局势以及与各国良好的双边关系有利于减少国外投资者对白俄罗斯农业投资面临的风险。

（3）自然条件优越

白俄罗斯农牧业发展拥有优越的自然条件。白俄罗斯属于温带大陆性气候，其中还带有温带海洋性气候特征，气候总体温和湿润，雨热同期。地形多为低矮的平原，有利于农业大规模机械化作业；土壤有机质含量多在3.5%以上，十分有利于种植农作物；水资源丰富，境内河流、湖泊和水库分别为20781条、12250个和153座，丰富的水资源条件减少了国内农业水利设施的投资，有利于减少农业投资成本。

（4）市场空间广阔

俄罗斯等独联体国家一直是农产品的进口需求国，每年需要从国外进口大量的粮食、肉类等以满足国内市场。白俄罗斯凭借良好的农业发展条件成为独联体国家重要的农产品进口来源国，特别是俄罗斯的农产品需求较大。由于西方国家制裁俄罗斯农产品贸易和乌克兰危机的出现，白俄罗斯农产品出口优势凸显。此外，欧亚经济共同体之间贸易保护措施较少，白俄罗斯作为欧亚经济共同体的一员，低水平关税有利于其农产品的出口。

（三）农业投资风险分析

1. 经济风险

受世界经济影响，自 2011 年以来白俄罗斯经济增速放缓。2015 年，由于俄罗斯经济金融形势在欧美多轮经济制裁、油价持续低迷和乌克兰危机等多重打击下急转直下，白俄罗斯受到连带效应之苦，GDP 出现近 20 年来首次负增长，同比下降 3.9%，白俄罗斯本币累计贬值 52.6%，出口收入缩水 26%，外汇收入骤减 24.6%，黄金外汇储备减少近 10%。

随着近两年白俄罗斯全球营商环境排名的提升，其国内经济发展及经济自由度不断提升，白俄罗斯面临的经济风险也逐年减少，GDP 增速有所回升。

2. 政策风险

从各国政治稳定性指数来看，白俄罗斯政治稳定性指数达到 51.94，属于政治稳定性较高的第三等级。但从风险制约的具体方面来看，白俄罗斯还存在很多政策风险问题，如缺少对境外企业投资等相关政策的制定。

境外企业融资难是很多外国企业在白俄罗斯发展的瓶颈。白俄罗斯出台的一些政策对外商投资合作存在着诸多的限制，很难站在外国投资者的角度保障其利益。此外，白俄罗斯贷款融资成本较高，银行贷款利率高达 18.7%，且贷款的用途只能用于购买物资。上述情况制约了国内外企业规模的扩大，也限制了企业生产水平的提高。虽然白俄罗斯修改了一部分相关法律法规，但最终是否能够落实还有待观察。

农业投资政策不完善是白俄罗斯农业发展面临的重要问题。白俄罗斯国内大量投入资金都流入非农产业，如 2013 年在白俄罗斯国内固定资产投资中，23.7% 的投资流入了能源开发等工业领域，只有 7.7% 的资金放到了农业、林业、食品业等基础领域，因此，农业发展的资金投入问题亟待解决。

3. 法律风险

白俄罗斯面临的法治风险较大。从国家法治水平指数和法治指数来看，白俄罗斯的得分为 22.60 和 0.53（表 11），均低于独联体国家的平均得分，尤其国家法治水平指数远低于独联体平均得分 38.54。法律风险作为国家经济发展重要的环境，对白俄罗斯农业的发展就有重要影响，不断改善法律环境对稳定政治、增加收入具有重要意义。

表 11 白俄罗斯法治环境评价得分情况

项　目	得　分	独联体国家平均得分
国家法治水平指数	22.60	38.54
国家法治指数	0.53	0.54

数据来源:《"一带一路"国家农业投资风险分析》

4. 技术风险

自苏联解体以来,白俄罗斯农业技术研发水平不断下降,基层农技推广体系逐渐解体,大量农业技术推广人才流失。在这种环境下,白俄罗斯农业机构和体系无法对农业企业提供有效的技术支撑,主要表现在以下两个方面:白俄罗斯各级农业机构的研究人员不断减少;政府对农业科研方面的经费投入严重不足,导致国内与农业方面相关高校、农业科研院所的科研成果量也不断减少。因此,白俄罗斯缺乏农业科技创新的条件,这在一定程度上限制了国内农业投资企业生产效率的提高。

(四)总体评价

在俄罗斯、乌克兰、白俄罗斯国家面临的各类风险来看,白俄罗斯在腐败控制、商业环境等方面占据优势,尤其政治稳定性评分为51.94,远高于俄罗斯和乌克兰的18.45和6.31,为白俄罗斯工农业发展提供良好的政治环境。另外,白俄罗斯法治水平较低为22.60(图16),得分低于俄罗斯和乌克兰,说明其面临的法治风险较大。

总体来看,白俄罗斯虽然面临金融危机、贸易规范不健全、小农户局限性、技术发展较慢等风险问题,但国家在农业方面的努力有目共睹,如积极推动种植业发展,扩大畜牧业并

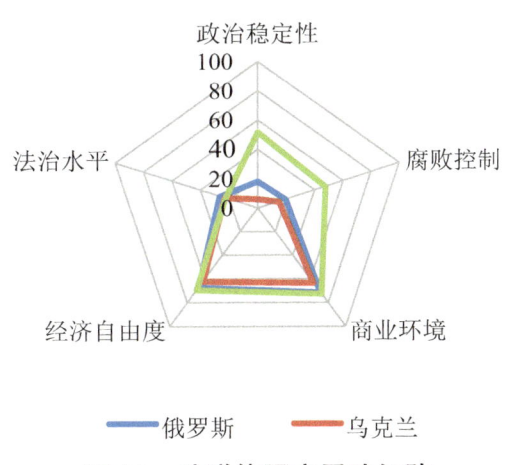

图 16 独联体国家风险矩阵

数据来源:《"一带一路"国家农业投资风险分析》

不断增加畜产品产量和贸易量，优化进出口贸易环境，在经济改革中改善提高营商环境，积极发展同中国以及周边国家关系。结合白俄罗斯本国地理条件、市场空间、政策环境等方面的优势，其积极参与"一带一路"经济建设、不断推动中白工业园项目发展，为中白两国提供更多的合作机会和互补空间，为地区间经济发展奠定了良好基础。

四、中白农业合作现状与合作重点

（一）农业合作现状

中国与白俄罗斯的农业合作主要表现为两国双边贸易，且中国多为贸易顺差状态。中国出口白俄罗斯农产品呈现以下两个特点：一是出口农产品种类丰富，但数量和金额均不高。从2005年开始，中国对白俄罗斯每年出口农产品种类按HS根目录编码计算均在5种以上，但截至2013年，中国对白俄罗斯出口农产品金额最大的水产品仅有800余万美元，其余农产品均不足百万美元。二是中国对白俄罗斯出口农产品种类相对集中，从2005年开始，中国对白俄罗斯出口农产品种类主要集中在水产品、水果蔬菜、咖啡等经济作物类（表12）。

表12 中国对白俄罗斯细分农产品历年出口额　　　　　　　　　　（单位：美元）

年份	HS编码	出口额	年份	HS编码	出口额	年份	HS编码	出口额
2005	2	1444170	2009	2	770180	2013	3	711377
	3	605950		3	3819316		5	5710930
	7	1010109		5	54240		7	1202
	8	33155		7	380436		8	120839
	9	127256		8	59902		9	19230
				9	201625			458438
				10	399480			
2006	2	658728	2010	2	408248	2014	3	8135088
	3	961175		3	656425		6	4401
	5	10111		4	39069		7	125482
	7	1866144		5	150776		8	4513
	8	85360		6	200		9	165521
	9	209321		7	342572			
				8	222856			
				9	691170			
				10	14616			

（续表）

年份	HS编码	出口额	年份	HS编码	出口额	年份	HS编码	出口额
2007	2	570400	2011	3	5392662	2015	3	2308035
	3	1475116		4	8483		5	51270
	5	105759		5	89614		6	41037
	6	10762		7	227127		7	161628
	7	2256538		8	33		8	51530
	8	370515		9			9	35682
	9	80253						
2008	2	1515199	2012	3	5817792	2016	3	2412763
	3	1686171		4	2136		7	177009
	6	10977		5	100024		8	37964
	7	1437769		6	36810		9	128571
	8	144327		7	264884			
	9	191478		8	56003			

注：HS编码分别表示为01活动物，02肉及食用杂碎，03鱼、甲壳动物、软体动物及其他水生无脊椎动物，04乳品、蛋品、天然蜂蜜、其他食用动物产品，05其他动物产品，06活树及其他活植物、鳞茎、根及类似品、插花及装饰用簇叶，07食用蔬菜、根及块茎，08食用水果及坚果、柑橘属水果或甜瓜的果皮，09咖啡、茶、马黛茶及调味香料，10谷物。

数据来源：联合国商品贸易数据库

1. 合作机制

欧亚经济联盟的目标是成为包括货物、服务、资本和人员等要素自由流动的统一市场，该经济联盟对外实施统一的关税和非关税政策，也就是说中方的商品只要进入俄罗斯、白俄罗斯、哈萨克斯坦、亚美尼亚和吉尔吉斯中的任何国家，就表示中国的商品进入了整个联盟市场。但是现在欧亚经济联盟5个成员国的具体经营贸易环境仍存在差距，税收政策等并不一致，在通关速度、标准等方面都有着较大差异，这样反而为不同企业提供了多种选择，企业可以根据自己的特点选择产品进行生产、销售和出口。欧亚经济联盟的成员国也恰恰充分利用这一点，积极同中国开展深入合作。

对中国而言，从经济合作角度看，欧亚经济联盟已经是一个高度一体化的经济体，各个成员国是这个经济体的一部分。根据2014年成员国之间签订的《欧亚经济联盟条约》规定，各成员国不能单独同中国签署自由贸易协定，但欧亚经济联盟可以作为一个整体同中国进行贸易谈判。

2013年7月，中白元首将两国关系提升至全面战略伙伴。中国政府高度关注与白俄罗斯发展经济贸易关系，鼓励、引导有实力的企业入驻白俄罗斯，不断开拓白俄罗斯市场。中白工业园项目是双方经贸合作发展的新探索，也是白方积极参与中方丝绸之路经济带的标志性工程。

2. 科技合作

为提升中白科技合作水平，推动双方在科技领域开展务实的项目合作，近几年双方签订了《中华人民共和国政府和白俄罗斯共和国政府科学技术合作协定》《中华人民共和国和白俄罗斯共和国关于建立全面战略伙伴关系的联合声明》等政府间和部门间科技合作协议，重点领域包括电子与通信技术（重点支持电子技术、微电子技术、通信技术、光电子学与激光技术等）、材料科学（重点支持新材料、纳米材料、金属加工技术等）、机械工程（重点支持机械制造等）、能源科学技术（重点支持新能源等）、交通运输工程（重点支持道路工程等）、冶金工程技术（重点支持粉末冶金等）、生物技术、化学工程和农业技术等。

3. 贸易合作

近年来，中白双方经济贸易合作发展较快，两国的合作项目已经从单一的商品贸易逐步转向经济技术合作领域，但同时也存在一些问题，如双方在合作规模、经济发展水平、合作经验等方面存在较大差距。

2011年开始，贸易合作逐渐成为白俄罗斯重要的发展方向，中白经济贸易额迅速增加，从2008年的4000万美元增加到2015年的近31.8亿美元，贸易额增加了794倍。两国经贸合作中主要是大型项目投资，目前中白双方合作范围内有29个大型项目，投资总金额超过50多亿美元，涵盖机械、能源、通信、基础设施等多个领域。其中，正在建设的北京饭店项目以及中白工业园已经成为两国经贸合作向更高水平迈进的标志。

在农业合作方面，2016年中国甘肃省商务厅组织甘肃爽口源等省内农业龙头企业8家，亮相于2016年第26届白俄罗斯国际农业专业展览会。双方在贸易方面共签订13项农产品贸易订单，合同金额高达1500万美元。双方还在投资方面商议了2个方向性投资合作项目，总额约8000万美元。

4. 投资合作

白俄罗斯独立后，中国和白俄罗斯先后签署《政府间经济贸易协定（1992年1月20日）》《鼓励和相互保护投资协定》《避免偷税漏税和双重征税协定（2003年8月8日）》《关于相互承认完全市场经济地位的谅解备忘录》和《WTO双边市场准入协议》等多项协议。2010年3月，双方又签署了《双边本币结算协议》。同时，经贸合作委员会作为两国政府间经济合作促进机构也定期召开会议，促进两国经济贸易合作发展。近2年来中国和白俄罗斯之间的经济贸易合作项目陆续落地。

2005—2012 年，为解决中国在白俄罗斯投资合作建设项目的资金问题，中国政府和银行机构共向白俄罗斯提供贷款约 160 亿美元，实际已签署的合同和贷款金额约为 55 亿美元。中国在白俄罗斯实施的大型投资合作项目如表 13 所示。

表 13　中国与白俄罗斯主要合作项目　　　　　　　　　　（单位：亿美元）

项目名称（中文名称）	所属行业	引资额/总金额	投资方式
布列斯特州沼气综合体建设项目	电力、热力、燃气	380/--	合资
莫吉廖夫州水上乐园建设项目	教育、卫生、文体	1300/--	合资
莫吉廖夫州水电站项目	电力、热力、燃气	2940/--	合资
新波洛茨克钢铁厂主建筑改造项目	金属制品业	2283/--	合资
利用木屑发电的小型电站项目	电力、热力、燃气	880/--	合资
维捷布斯克市马克·夏加尔博物馆改造项目	教育、卫生、文体	250/250	合作
收割机机械传动部件制造厂升级改造项目	制造业	4660/6660	合资
莫济里热电厂联合循环技术引进项目	电力、热力、燃气	7000/7000	合资
明斯克 A 级商业中心项目	房地产业	1050/1150	合资
锅炉房引入 3.5 兆瓦热电联产装置升级改造项目	电力、热力、燃气	380/400	合资

这些合作为中国对白俄罗斯在农业领域的投资奠定了良好的基础。虽然农业投资周期长、风险高、相对收益较低等特点导致中国对白俄罗斯的农业投资还处于起步期，但随着两国其他领域的合作与投资，将为双方投资互信、政策支持、风险管控等方面提供良好的借鉴和支撑作用，为进一步的两国农业投资创造了良好的条件。

（二）农业合作存在的问题及制约因素分析

两国农业合作需建立在白俄罗斯贸易和投资环境良好的基础之上，当前白俄罗斯经济形势总体稳定，但也面临一些突出问题，成为阻碍两国农业合作的风险因素。

1. 经济增长波动剧烈，抵御危机和风险能力薄弱

白俄罗斯 2003—2007 年经济增长率达到 7% 以上，此后受世界金融危机影响，经济增长率大幅降至 0.2%。2011 年，白俄罗斯通货膨胀率大幅增加，全年经济增长率约为 5.3%，比 2010 年明显下降。2012 年，通货膨胀率高达 59.1%。同时，国际收支常年失衡，经常项目长期赤字，外汇储备不足，缺乏抵御外部冲击的"蓄水池"（杜萌等，2011）。为解决危机，政府虽然利用货币紧缩政策，并向国际货币基金组织（IMF）申请紧急贷款，但未来经济形势依然不容乐观。

2. 贸易依存度较高，但贸易结构单一

白俄罗斯产业结构决定了贸易结构特点。由于其国内缺少大宗能源，矿产品、化学制品和有色金属石油、天然气等均依赖于进口。同时，白俄罗斯60%以上的GDP有赖于出口贸易，出口商品包括矿物产品、化工制品、机器设备及交通工具和部分农产品。近年来，由于白俄罗斯本币大幅度贬值，其外贸逆差开始减少、国际储备有所增加，但白俄罗斯如不改善自身贸易结构，在未来国际收支中将存在恶化的可能。

3. 金融体系薄弱，财政收支不平衡加剧

白俄罗斯金融体系发展较慢，金融业范围开展有限。目前白俄罗斯金融业主要开展基本业务，金融业不仅服务机构少、缺乏衍生商品，服务水平也亟待提高。在白俄罗斯共有32家商业银行，其中有27家属于外资参股，而外资占50%以上的银行有24家。白俄罗斯的外汇管制措施较为严苛，尤其针对国外企业和中小企业的贷款条件。从财政支出方面来看，政府为刺激经济增长不断增加货币投入，造成较大的还债压力；从财政收入方面来看，货币量的增加导致货币贬值，但货币贬值并不能维持外贸顺差，再加上本国经济环境不完善、企业吸引力不足，企业私有化制度也很难短时间筹集大量资金，所以政府财政收支失衡风险仍然较大。

4. 投资要素缺乏，投资机会成本较高

对白俄罗斯农业投资的要素资本和技术的充裕度是投资成败的关键。境外企业生产资料、土地、基础设备等需要大量资金，但境外农业投资面临很大风险，这也是国内商业银行给企业提供贷款时持消极态度的原因。再加上白俄罗斯银行贷款利率高达19%左右，且贷款只能用于购买物资等严格条件，境外农业企业融资难、成本高限制了企业扩大和产能提高。另外，白俄罗斯农业技术水平并不高，加上农业科研所面临的问题，其国内农业科技研发水平不断下降，基层农技推广体系逐渐分散，无法对农业企业提供有效的技术支撑。农业科技支撑能力的不足也限制了白俄罗斯农业投资企业生产效率的提高。

（三）农业合作潜力

从中国和白俄罗斯资源禀赋、市场发育程度、产业结构等角度看，两国存在较强的互补性，且白俄罗斯政治环境、商业环境的提高为两国合作提供较好基础。

1. 合作基础

（1）农业产业结构待完善是两国农业合作的有利条件

2005年以来，白俄罗斯农业总体呈上升态势。经济作物、饲用作物的播种面积和产量均大幅上涨，畜牧业的养殖规模和肉、蛋、奶等农产品产量不断增加，尤其是生猪、

蛋鸡等养殖业得到了快速发展。随着居民对农产品需求的增加，虽然白俄罗斯农产品产量和市场供给逐年增加，但国内农产品仍供不应求，这就造成农产品价格的普遍上涨。农业产业结构的失衡导致白俄罗斯国内物价的失衡，不但制约国内消费的增长，也阻碍了国民经济的健康发展。因此，白俄罗斯农业产业结构不完善为中白两国农业合作互补创造了条件。

（2）农业资源禀赋差异是两国农业合作的必要基础

在白俄罗斯政府的大力支持下，虽然近年来国内农业发展逐步恢复，但制约农业发展的问题仍无法解决。从当前情况来看，仅仅凭白俄罗斯国内力量去实现农业现代化具有一定难度，白俄罗斯要发展农业现代化就一定要引进国外的设备、投资、技术，这就为中国对白俄罗斯农业投资合作提供了良好的基础条件。两国可以围绕以下几方面开展合作。

一是种植业方面。

白俄罗斯耕地质量较高是其农业发展的重要条件，但由于苏联时期重工轻农的思想、农业劳动力的不足、农业投入较少等原因，白俄罗斯高质量的耕地出现产量和效益均低的状况。近几年，白俄罗斯政府为顺应农业发展的自然条件，出台了本国农业发展的政策和措施，如减少土地租金成本、允许购买和兼并集体农庄、国营农场等具体措施，鼓励并支持引进外商投资农业。

马铃薯种植、储藏和加工。马铃薯是白俄罗斯人重要的口粮，而白俄罗斯本国市场马铃薯供不应求，再加上周边国家如俄罗斯、波兰等东欧国家是马铃薯需求市场，这就为白俄罗斯马铃薯的种植提供了市场条件，但白俄罗斯马铃薯种植不发达，品种比较单一且产量不高。相反地，中国在种植马铃薯方面具有丰富的经验、优良的品种和大批生产企业等优势，国内企业可以加强与白俄罗斯马铃薯种植的合作，主要从以下三方面进行投资：一是总结经验，因地制宜扩大种植规模；二是开发、培育新品种，向俄罗斯、乌克兰等国市场销售高产值品种；三是发展生产加工、储藏和销售，提高马铃薯的附加值。

大宗蔬菜的种植、储存、加工和销售。白俄罗斯的马铃薯、洋葱、黄瓜、番茄等蔬菜的消费量较大，对大蒜、白菜、水萝卜等消费需求较少，基于此可根据实际情况选择优质种植地块，规模化种植大宗蔬菜；同时，修建蔬菜冷藏冷冻库，储存蔬菜进行反季节销售，增加利润和收入。

油菜种植和加工。白俄罗斯大部分土壤都适合种植油菜，但由于投入少、经验不足导致油菜产量较低。白俄罗斯可以选择向俄罗斯、乌克兰、波兰等国市场销售油菜籽，也可以将油菜籽进一步加工成食用油销售。

花卉、亚麻的种植和销售。花卉方面，白俄罗斯国内对玫瑰、百合的需求较大，这些花主要进口自荷兰、乌克兰等国家,种植和销售成本都比较高。中国具有种植和培育鲜花丰富的经验和技术,可以把白俄罗斯作为重要的市场。白俄罗斯亚麻高产质优,年总产量相当于英法的3倍左右,在世界纺织市场中占有一定的市场份额,也可以作为重点投资领域。

二是畜牧业方面。

畜牧业属于白俄罗斯的重要产业,广阔的乳制品市场和良好的发展条件使得白俄罗斯畜牧业逐年发展,如牛、羊、鸡、兔等养殖业、加工业不断发展。此外,白俄罗斯拥有许多优质的草场和水源,中国农业企业可投资养殖牛、羊、鸡等畜禽,并发展肉奶蛋制品的销售和深加工。

三是水果种植方面。

白俄罗斯的许多果园、水果大棚和加工厂在独立后多被荒废,造成水果种植业的落后。但相邻国家俄罗斯、乌克兰等对水果的需求量较大,在白俄罗斯发展水果业具有较高的利润空间。中国水果产业的发展和贸易在世界上具有重要地位,基于此,中白两国可在水果种植、加工和贸易方面开展合作。

(3) 法律相对健全是对白俄罗斯投资的制度保障

白俄罗斯对投资的法律制度保障相对健全,完善的制度保障才能推进经济的发展。《外国投资法》《私有化法》《关税法》《企业经营法》《投资法》《土地所有制法》《企业破产法》《租赁法》和《税法》等均是规范外国企业或者个人在白俄罗斯投资经营的主要法律。《外国投资企业国家注册条例》规定,外资企业获得注册后,白俄罗斯外交部将负责具体实施措施并对该企业实行国民待遇原则。为鼓励和吸引外国投资,白俄罗斯政府在全国设立了多个自由经济区,根据《白俄罗斯有关经济特区部分问题》法令,在自由经济区内企业利润税收减半,五年内区内企业自产产品实现盈利可免征利润税。

2. 合作前景

为了吸引投资者,白俄罗斯根据法律以及相关的国际公约,分别在1993年12月24日和1997年3月28日先后签署了《投资活动领域合作协定》与《关于保护投资者权利公约》,从1992年起白俄罗斯分别同意了《关于国家之间及外国人之间解决投资纠纷办法》协定(1965年3月18日)和《就投资提供保障的多方代理机构》首尔公约(1985年10月11日),保证资金安全。同时,白俄罗斯政府为了创造良好的商贸外资环境,保障国内外投资者的合法权利,还积极签署双边、多边协议。目前,白俄罗斯政府和相关机构已与欧盟、独联体国家、亚洲等地区共签订关于保障投资权利方面的补充协议约60份左右。

自由经济区、中小城市、农业农村的发展建设备受白俄罗斯政府重视，白政府为支持投资者设定了相关特惠政策。白俄罗斯在全国范围内建立了多个自由经济区，并在经济区内对外国投资者、企业实行税收优惠政策，如5年内免征所得税、对生产设备及用品实行免关税和免税收等。到目前为止，自由经济区内将近300户商户吸引了多个国家和地区的3亿多美元的投资资金。

同时，俄白哈关税同盟给白俄罗斯外经贸发展带来的机遇，三个国家统一市场提供了更为广阔的销售市场和合作领域（巴托，2014）。首先，俄、白、哈三国海关法律和通关秩序逐步规范，建设了统一的经济空间，并逐步打造了俄、白、哈关税同盟，基本实现了海关、税收、法律相互协调一致。其次，中国对外经济贸易将面对更大的市场群体。俄、白、哈统一关税后，中国新疆出口的产品从过去直接面对近2000万人口的哈萨克斯坦市场扩大到面对1.7亿人口的关税同盟经济体，潜在市场扩大了十倍之多。中国企业可以通过扩大对俄白哈三国的投资将优势产业转移至上述地区，发展加工业，将有利于进一步挖掘更大的消费市场。

五、中白农业合作建议

从中国农业的长期可持续发展来看，对白俄罗斯开展农业合作必须就农业合作的对象、领域、方式、途径、重点等方面进行合理的安排。加强调查研究，了解对方国家的优劣势，掌握农业开发环境、市场和资源，结合两国的实际情况，在此基础上研究制定详细的规划和目标，确保双边农业合作稳步、有序进行。

（一）合作目标与定位

1. 合作定位

以龙头企业为先导，以政府支持为后盾。中国相关的央企和农垦系统在资金、技术、管理、人才农业生产经营方面具备优势，中国政府应出台政策，鼓励央企和农垦系统"走出去"，率先投资白俄罗斯农业建设。在发挥央企和农垦系统引领作用的同时，带动中国具有实力的中小企业和个人围绕相关领域进行投资和发展，有层次性地对白俄罗斯农业产业进行投资，充分利用产业集群效应，提高总体抗风险能力。

2. 合作目标

建立中国对白俄罗斯农业投资的龙头企业和农业园区，以中国具有比较优势的农业产业部门为支撑，不断拓展上下游行业产业链，夯实农产品加工业，实现中国优势农产品的产业转移。经过若干年发展，培育一批具有国际竞争力的农业公司，主营业务多元化，带动白俄罗斯及周边国家农业发展，形成农业技术、科研、种苗、产品的核心竞争力，并扩大其影响力。

3. 合作思路

中白两国应把农业投资作为两国合作的重要内容之一。两国应本着加强农业投资协作、推动中白农业发展的思路进行合作，在白俄罗斯过多干预企业发展的情况下，中方应围绕减少政府干预、减少劳务限制、保护中方投资者、创造良好的营商环境等方面与白方协商。

另外，中国政府应进一步加大对白俄罗斯农业投资的扶持力度。中国政府在不断完善投资审批、简化程序、条件设立等方面的基础上，鼓励、支持中方企业投资白方农业发展。中方可利用政府担保、企业信用担保等方式，鼓励政策性银行和股份制商业银行增加对境外农业企业贷款支持。此外，中方政府应引导国内农业科研机构、农业技术推广单位与在白俄罗斯的农业投资企业建立合作关系，增强科研支撑能力和科技成果转化力，实现两国的双赢。

4. 合作平台

2012年中白两国签署了《关于白俄罗斯和中国工业园》，2015年签署了《中国和白俄罗斯友好合作条约》和《关于进一步发展和深化全面战略伙伴关系的联合声明》，作为"推动两国发展战略对接，共建丝绸之路经济带"的重要支撑。两国农业合作可以上述合作协议为依托，在工业和贸易合作不断深化的基础上，开展农业对外投资。可参考两国工业园的建设思路，建立两国农业高科技农业园区，优先投资中国具有比较优势的高附加值的花卉蔬菜水果等产品，利用白俄罗斯相对较好的工业基础，投资建立农产品加工业，完善农业产业链。

（二）合作领域

通过白俄罗斯的资源条件、产业发展状况、市场需求，确定中国对白俄罗斯的投资领域主要集中在水果蔬菜、畜禽养殖、渔业等领域。

1. 果蔬种植

白俄罗斯水果蔬菜种植面积和产量较低，尤其蔬菜的播种面积仅占农作物总播种面积的1.5%。相反地，中国凭借优越的自然条件、种类、技术、设施、技术人员等在蔬菜和水果产业上一直是优势产业，中国可以在果蔬品种、技术、设备和人员等方面给予白俄罗斯帮助。

2. 畜禽养殖

以生猪、鸡为主的畜禽养殖是白俄罗斯农业的优势产业，且发展形势良好，2017年白俄罗斯畜牧业产值占农业总产值的53.7%。受地理位置影响，白俄罗斯的种植业多不具备竞争优势，但具备发展饲用作物的良好条件，这为畜禽养殖奠定了基础。中国人口众多，对乳畜产品需求量较大，仅靠国内供给无法满足需求，这为白俄罗斯提供了广阔的市场。

3. 水产养殖

白俄罗斯拥有较多的河流湖泊，拥有发展天然水域养殖的自然条件，但目前白俄罗斯尚未充分利用大量的天然水场，淡水养殖品种少、价格低，其水产品主要以鲜活产品的形式就近销售，缺少高附加值的品种。而中国淡水养殖产业规模大，优良品种多，设施齐全，技术先进实用，在国际上位于前列。所以中国可以优先投资白俄罗斯水产养殖业，将白俄罗斯优越的资源条件与中国先进的品种、技术和设备相结合，实现互惠互利。

（三）合作建议与措施

白俄罗斯位于欧洲中心，地理位置十分重要，同中欧国家、波罗的海三国和南欧国家有着传统的贸易联系（任飞，2017），虽然尚未加入世贸组织，但其加入了俄、白、哈关税同盟和统一经济空间，加快了在区域一体化道路上的步伐。因此，现阶段加强与白俄罗斯经济投资合作除了利于增加中国在俄、白、哈的市场份额，还有利于中国企业走出国门、发展跨国企业，为进驻欧盟市场打好基础。因此，双方首先宜充分利用两国经济互补、资源互补的特点，不断开拓新领域，增加合作机会；其次，双方要坚持互利互惠原则，形成长效机制和协商机制，避免恶性竞争；再次是给予中白2国经贸合作委员会更多监督权力，督促执行两国已签署的相关协议，为两国企业开展务实合作创造便利的政策条件，力争扎扎实实做好每个项目，并做成精品优质工程。

1. 积极发挥政府的引导和推动作用

两国政府应不断加强合作，在今后的合作中要加强双方互访交流和高层会晤，建立并完善政府间高层对话工作机制，为双方共同协商解决在农业合作中存在的技术壁垒和"灰色通关"等问题提供交流的平台，为创造规范有序的合作环境奠定基础。发挥两国政府间经贸合作委员会积极的作用，加强对两国经济贸易合作的支持。两国有关部门应充分利用政府间经贸合作委员会这个交流平台，共同协商并制定发展目标和具体的规范措施，经贸合作委员会应不断提高其服务水平，营造更加方便的双边贸易投资环境。

2. 培育壮大对外农业投资龙头企业

由于中小企业和个人投资者抵御风险能力较低，因此国内中小企业对外农业投资风险明显大于国内投资，这就需要中央企业和农垦系统在资金、管理和农业生产经营方面给予支持。首先，建议积极引导中央企业和农垦系统结合实际情况抓住投资机会，带动国内中小企业和个人对白俄罗斯农业进行经贸合作和投资；其次，建议出台相关政策引导国内政策性金融机构对投资白俄罗斯农业合作的企业提供资金支持；最后，建议中国企业充分发挥集群效应，提高总体抗风险能力。

建议通过建立中白企业年会或举办中白友谊年会等活动强化两国龙头企业的合作关系，并不断带动中小企业入驻。白方应建立固定联系机制，加强信息沟通，提高服务水平，形成民间互帮互信的合作氛围和群众基础，为中国龙头企业和中小企业发展奠定良好的商业环境。

3. 落实法律法规，加强中白在高科技领域的合作

建议中国政府部门一方面召集政策研究部门、社会科学研究机构的相关学者和专家形成对白投资研究团队，对白俄罗斯农业生产、市场、法规等情况进行系统研究；另一方面组织建立中国企业团体合作组织，搭建相关信息服务平台，所有相关信息在该平台上对中国企业团体合作组织内成员信息公开，为投资企业提供良好的咨询和法律等信息服务。

中白两国在科技领域具有较强的互补性和合作性。白俄罗斯在机器制造业、电子、光学和激光技术等领域具有研究优势，许多科研成果具有重要意义，但没有转化成现实收益。中白在科技领域开展各种形式的合作，充分发挥各自优势，共同研发高科技产品，有利于提高科研成果的转化能力和竞争力。

4. 加强对白俄罗斯法律、风俗的学习和遵守

依法经营是各类企业对外投资经营的基础和保障。近年来，在国外的中国投资者经常会出现利益受到侵犯的事情，虽然当事国的法律法规方面也存在许多问题，但最主要的是部分投资企业和个人没有充分了解当地法律和风俗习惯，在很大程度上造成不能保护自身权益的被动局面。因此，投资白俄罗斯农业的企业和个人应加强对白俄罗斯法律法规的学习，不断了解当地的风俗习惯，加强与投资地政府的沟通交流，依法经营并依法维权。

参考文献

巴托．2014.俄白哈关税联盟问题的研究［D］.长春：吉林大学．
丁汝俊．2005.在稳定中求发展——白俄罗斯共和国经济改革述评［J］.俄罗斯东欧中亚研究，（6）：38-44.
杜萌，方华山，徐绍文．2011.白俄罗斯金融危机的原因、特点及启示［J］.武汉金融，（8）：39-41.
李丽云．2015.白俄罗斯公布2016—2020年科技优先发展方向［J］.军民两用技术与产品，（19）：5-6.
任飞．2017.白俄罗斯投资环境与中国—白俄罗斯投资合作［M］.北京：经济科学出版社．
张忠明，钟鑫，李靖，等．2015.白俄罗斯农业发展态势及中国对白俄罗斯农业重点投资领域分析［J］.世界农业，（5）：106-110.
赵会荣．2016.中白经贸关系的发展与前景［J］.欧亚经济，（3）：85-98.
中华人民共和国商务部欧亚司．2014.白俄罗斯投资环境和主要产业情况［EB/OL］.http：//oys.mofcom.gov.cn/article/oyyscy/201407/20140700681322.shtml.

亚美尼亚

亚美尼亚共和国（简称亚美尼亚）是一个位于亚洲与欧洲交界处、外高加索南部地区的内陆共和制国家，拥有悠久的历史和古老的传统文化。自 20 世纪 90 年代独立以来，亚美尼亚始终将中国视为其"外交优先方向"之一，两国经贸关系取得了稳步发展。近年来，"一带一路"倡议为两国深化合作注入了新的动力，两国高层往来日渐频繁，进一步促进了双边合作不断拓宽。在农业领域，中亚两国合作潜力巨大。厘清亚美尼亚农业发展的特点和面临的问题，有助于推动中亚两国农业的务实合作。

一、国家基本概况

（一）地理位置与人口状况

亚美尼亚南北最长距离 360 千米，东西最长距离 200 千米。在行政疆界上，亚美尼亚位于黑海与里海之间，西邻土耳其，北邻格鲁吉亚，东为阿塞拜疆，南接伊朗和阿塞拜疆的飞地纳希切万自治共和国，其地理位置和地缘战略意义都非常重要。

20 世纪末以来，由于对外移民人口大于人口自然增长量，亚美尼亚的总人口呈现下降趋势，从 1990 年人口峰值 354.47 万人锐减到 2017 年的 297.29 万人。其中，男性 141.21 万人，女性 156.08 万人。亚美尼亚平均人口密度约为 100 人 / 平方千米。从人口分布来看，自 1970 年起，亚美尼亚 60% 以上的人口都居住在城市。2017 年，亚美尼亚城市人口 189.58 万人，农村人口 107.71 万人，城市化率 63.8%。其中，首都埃里温聚集了 107.58 万人口（全部为城市人口），超过全国总人口的 1/3 和全国城市人口的一半，人口密度达到 4824 人 / 平方千米[1]。亚美尼亚是一个多民族国家，拥有 50 多个民族，亚美尼亚族约占总人口的 96%，少数民族包括叶继德族、俄罗斯族、亚述族、希腊族等。

（二）政治与经济状况

1995 年 7 月，亚美尼亚宪法通过全民公决，规定亚美尼亚实行总统制和多党制，立法、行政、司法三权分立。2015 年 12 月，亚美尼亚再次通过全民公决进行宪法改革，新宪法将政体由总统制改为议会制，议会实行一院制，共设 105 个席位。凡在选举中得票率超过 5% 的政党、得票超过 7% 的政党联盟均可进入议会。亚美尼亚现有政党 73 个，在 2017 年新一届议会选举中，进入议会的政党包括执政党亚美尼亚共和党、第二大党繁荣亚美尼亚党以及亚美尼亚前途联盟、亚美尼亚革命联盟。

---

[1] 数据来源：《Statistical Yearbook of Armenia 2017》

现阶段，亚美尼亚奉行以俄罗斯为重点的平衡外交政策。2015年1月，亚美尼亚正式加入俄罗斯主导的欧亚经济联盟，意在巩固与俄罗斯的战略同盟关系；与此同时，亚美尼亚也积极发展同美国及欧盟关系，参加北约"和平伙伴关系"框架内的各项活动，寻求安全政策多元化。与邻国关系方面，亚美尼亚与格鲁吉亚、伊朗积极发展睦邻友好合作关系；但因为"纳卡"争端，至今与阿塞拜疆、土耳其没有建立外交关系。中国是最早承认亚美尼亚独立并与之建交的国家之一，亚美尼亚也一直将对华关系置于"外交优先方向"。随着"一带一路"倡议的深入实施，亚美尼亚同中国政府间高层往来密切，已签订了包括《两国政府联合公报》在内的30多项涉及双边关系各个领域的合作文件。

20世纪90年代，亚美尼亚经济增长缓慢。直到进入21世纪，国民经济才开始逐步回升，增长速度一度保持在10%以上。2008年的国际金融海啸遏制了亚美尼亚的经济增长势头，为此，亚美尼亚政府通过加快基础设施建设和鼓励农业发展等政策，经济发展得以逐步复苏。2017年，亚美尼亚GDP总额55689.02亿德拉姆（约合115.37亿美元），同比增长7.5%。人均GDP 187.32万德拉姆（约合3881美元），同比增长8.0%。从产业结构来看，一、二、三产业分别占GDP的14.9%、25.3%、51.3%[①]。

二、农业发展现状

（一）农业资源条件

亚美尼亚境内山脉众多，耕地和森林稀少。2016年，亚美尼亚可耕地面积44.64万公顷，牧草地面积117.24万公顷，林地面积33.41万公顷，分别占国土面积的15.0%、39.4%和11.2%。

亚美尼亚地处北纬38.50°～41.18°，东经43.27°～46.37°，全境90%的地区都是高原，平均海拔1830米，属亚热带高山气候。山区地貌复杂，东部、西南部低，西部、西北部高，随地势高低亚美尼亚大体上可以划分为6个不同的气候区，从干旱的亚热带气候逐渐演变成严酷的寒带气候。亚美尼亚多年年均气温5.5℃，总体而言，夏季相对温和，冬季较为寒冷。以2016年为例，6月平均气温14.1℃，1月平均气温-5.6℃。

亚美尼亚是一个干旱国家，多年年均降水量562毫米[②]；而全国多年平均蒸发总量为

---

① 除一、二、三产业增加值外，亚美尼亚GDP构成核算中，还包括扣除补贴后的商品税以及间接测算的金融中介服务（FISIM）

② 数据来源：联合国粮农组织（FAO）数据库

1000万~1100万立方米，相当于年均蒸发量350毫米[①]。在一年中，4月、5月是降水最为丰沛的时节，大约能占全年降水总量的37%；而7月、8月以及12月到次年2月则是最为干旱的时节，分别只能占到全年降水总量的不足10%和17%。亚美尼亚的降水和人口分布极不匹配：在人口稠密的阿勒山峡谷，年均降水量仅有220毫米；而在人烟稀少的高山，降水量甚至能达到1000毫米以上[②]。

亚美尼亚境内拥有大约9500条的小溪和河流，仅有379条长度超过10千米。这些河流均属里海流域，或流入库拉河，或汇入其支流阿拉斯河。阿拉斯河是亚美尼亚境内的主要河流，这条国际河流构成了土耳其—亚美尼亚、伊朗—阿塞拜疆的界河。阿拉斯河流域的最大湖泊、同时也是高加索最大的高山湖泊——塞凡湖[③]位于亚美尼亚东部洼地，面积达1360平方千米，占亚美尼亚国土总面积约5%。湖面海拔1900米，蓄水585亿立方米。从水资源利用来看，亚美尼亚的用水结构是：农业种植灌溉和畜牧养殖用水为主，占总用水量的60%以上；居民用水次之，大约占30%；工业用水最少，仅占不足10%。

因位于小高加索、伊朗和地中海等生物地理区域的交汇处，加之差异化的海拔与气候条件，亚美尼亚拥有独特的景观和生态多样性，尤其是动植物资源非常丰富，甚至包括许多孑遗和稀有物种。事实上，尽管只占高加索区域5%的面积，但亚美尼亚几乎囊括了所有南高加索的植被生态系统。亚美尼亚丰富的生物多样性同样体现在农业生物多样性方面。目前，亚美尼亚广泛种植的作物包括：6种谷物、366种饲用植物、62种浆果、65种蔬菜等。小麦、大麦、黑麦、燕麦以及葡萄、野生梨等果树的祖先种都能在该国找到。

（二）农业生产情况

亚美尼亚地形以高原为主，耕地资源贫瘠，盐碱化较为严重，农业资源禀赋的欠缺构成了亚美尼亚农业发展的天然桎梏。苏联时期国家工业化的发展瓦解了亚美尼亚传统农业经济，大量农业人口转移到城市，造成农业发展相对缓慢，后继乏力。在20世纪90年代农村土地、牲畜、农机等资产相继私有化之后，几十万分散小农家庭被推向市场，高昂的交易成

---

① 数据来源：UNDP. 2006. Transboundary diagnostic analysis of water sector in Kura-Aras basin, Republic of Armenia

② 数据来源：瓦切H.托克马吉安，鲍里斯P.纳特萨卡尼安，维利克H.萨格西安《全球气候变化对亚美尼亚水资源的影响》，发表于《北京建筑工程学院学报》，2011年第27卷第4期第22-25页

③ 曾经由于湖泊的水被引到别的地方发展农业、发展经济而导致塞凡湖水资源枯竭，环境遭受严重破坏；在20世纪苏联时期，也曾因为引水工程而造成湖泊干涸的局面，但是后来政府出台了恢复塞凡湖生态的政策，使得塞凡湖的正常水循环得以恢复

本阻碍了农业剩余的积累，使得亚美尼亚农业长期欠发达。

1. 农业产值规模及构成

亚美尼亚农业以种植业和养殖业为主，林业和渔业产值所占份额很小。21 世纪以来，亚美尼亚种养业产值总体呈上升趋势，从 2000 年的 2812 亿德拉姆增加到 2016 年的 8785 亿德拉姆，但存在周期性波动（图 1）。若按不变价格计算，种养业产值规模年均增长 2.3%。受 2008—2009 年国际金融危机冲击和近年来冰雹、霜冻等自然灾害影响，亚美尼亚种养业产值在这两个时期出现下滑。

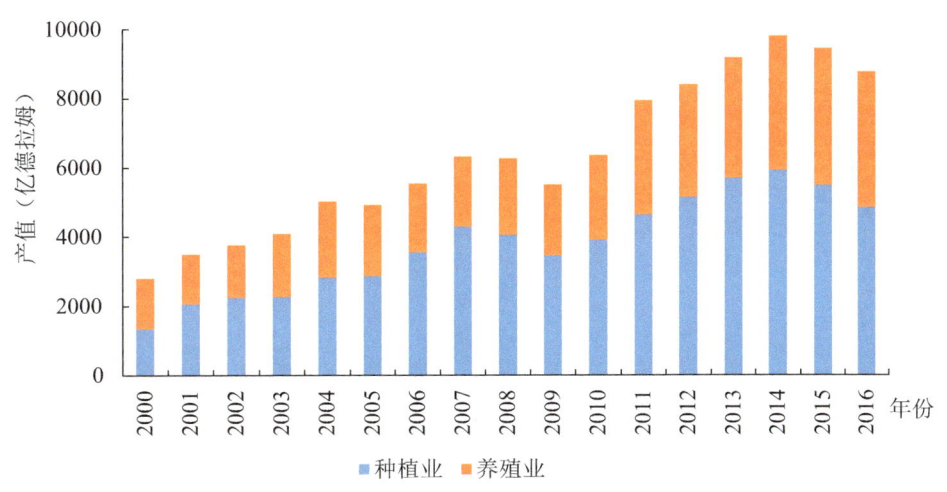

图 1　亚美尼亚种养业产值

数据来源：亚美尼亚历年统计年鉴《Statistical Yearbook of Armenia》

从农业产业结构来看，亚美尼亚农业以种植业为主。在 21 世纪的前十几年中，种植业和养殖业产值规模大体上呈现"六四开"的局面，在近几年出现了种植业份额下降、养殖业份额上升的新情况。种植业产值占种养业产值比重从 2013 年的 62.3% 逐渐下滑到 2016 年的 55.4%，养殖业产值占比则从 2013 年的 37.7% 逐渐增加到 2016 年的 44.6%。

值得一提的是，亚美尼亚农业以农户家庭经营为主，由商业组织经营的仅占很小的比例。2016 年，种植业产值中 99.2% 由农户家庭创造，仅有 0.8% 由商业组织创造；养殖业产值中 93.9% 由农户家庭创造，仅有 6.1% 由商业组织创造。亚美尼亚从事农业生产的企业规模总体偏小。目前，亚美尼亚农业企业共 110 家，其中 9 人以下微型企业 74 家，10～49 人小型企业 21 家，50～249 人中型企业 13 家，250 人以上大型企业只有 2 家[①]。

---

① 数据来源：《对外投资合作国别（地区）指南·亚美尼亚（2017 年版）》

2. 主要农产品产量

(1) 种植业

亚美尼亚种植业是农业的最主要行业，2010年以来，种植面积不断增加，到2016年已扩大到35.34万公顷。最近10年，从各类农产品种植面积来看，亚美尼亚主要种植谷物和豆类植物，谷物和豆类植物种植面积占总种植面积的比重在56%~58%；其次为饲用作物，种植面积所占比重基本在21%~25%；马铃薯和蔬菜种植面积所占比重分别在10%和8%左右；经济作物种植面积很少，仅占大约1%（表1）。

表1 亚美尼亚各类作物种植面积 （单位：万公顷）

年份	总种植面积	谷物和豆类植物	经济作物	马铃薯	蔬菜	饲用作物
2007	30.60	17.62	0.16	3.17	2.56	6.50
2008	30.45	17.28	0.24	3.43	2.42	6.53
2009	30.00	17.16	0.24	3.20	2.39	6.39
2010	28.36	15.93	0.24	2.84	2.35	6.55
2011	28.67	15.78	0.32	2.87	2.50	6.62
2012	30.42	17.22	0.35	3.12	2.52	6.70
2013	31.81	17.84	0.35	3.07	2.54	7.47
2014	32.42	18.55	0.32	3.00	2.64	7.33
2015	33.75	19.31	0.31	2.78	2.84	7.82
2016	35.34	19.81	0.32	2.89	3.02	8.56

数据来源：亚美尼亚历年统计年鉴《Statistical Yearbook of Armenia》

冬春小麦是亚美尼亚最主要的粮食作物，种植面积占谷物和豆类植物总面积的一半以上。近10年间，冬春小麦的种植面积和单产都经历了先下降后增加的变化，受此影响，其产量也出现一定的波动（表2）。2015年，冬春小麦的产量达到历史最高水平，为36.27万吨；2016年产量略有下滑，为35.04万吨。

表2 亚美尼亚冬春小麦生产情况

年份	种植面积（万公顷）	单产（吨/公顷）	产量（万吨）
2007	9.85	2.58	25.42
2008	9.29	2.43	22.57
2009	8.84	2.24	19.81
2010	8.66	2.12	18.35
2011	7.78	2.88	22.41

(续表)

年　份	种植面积（万公顷）	单产（吨/公顷）	产量（万吨）
2012	9.35	2.60	24.31
2013	9.96	3.13	31.16
2014	10.47	3.23	33.82
2015	10.86	3.34	36.27
2016	10.81	3.24	35.04

数据来源：亚美尼亚历年统计年鉴《Statistical Yearbook of Armenia》

冬春大麦是除冬春小麦之外最重要的谷物作物，种植面积基本维持在谷物和豆类植物总面积的35%以上。2007—2016年，冬春大麦的种植面积存在一定波动（表3），最近几年面积增加较为明显，2016年达到7.14万公顷。冬春大麦产量变化趋势与冬春小麦基本一致，2007—2010年产量逐年减少，2011年之后基本呈现上涨趋势，2016年达到历史最高水平的19.70万吨。

表3　亚美尼亚冬春大麦生产情况

年　份	种植面积（万公顷）	单产（吨/公顷）	产量（万吨）
2007	6.53	2.49	16.26
2008	6.63	2.25	14.91
2009	6.66	2.18	14.51
2010	6.08	1.95	11.85
2011	6.78	2.63	17.82
2012	6.52	2.61	17.01
2013	6.44	2.93	18.88
2014	6.34	3.00	19.01
2015	6.84	2.74	18.73
2016	7.14	2.76	19.70

数据来源：亚美尼亚历年统计年鉴《Statistical Yearbook of Armenia》

亚美尼亚生产的其他谷物和豆类植物包括玉米、燕麦、斯佩耳特小麦以及食用豆等（表4）。其中，玉米产量基本维持在2万吨左右。燕麦和斯佩耳特小麦产量呈现逐步上升趋势，近年来分别接近1万吨和2万吨。除个别年份外，食用豆产量基本维持在0.5万~0.6万吨。

表4　亚美尼亚其他主要谷物和豆类植物生产情况　　　　　　　　　　　　（单位：万吨）

年　份	玉　米	燕　麦	斯佩耳特小麦	食用豆
2007	1.87	0.15	0.95	0.52
2008	2.10	0.16	1.07	0.61
2009	1.52	0.17	0.84	0.58
2010	1.28	0.26	0.42	0.45
2011	1.91	0.33	0.95	0.52
2012	1.91	0.35	1.44	0.51
2013	2.09	0.46	1.68	0.51
2014	2.02	0.70	1.83	0.55
2015	2.17	0.85	1.54	0.57
2016	2.10	0.94	1.93	0.53

数据来源：亚美尼亚历年统计年鉴《Statistical Yearbook of Armenia》

马铃薯也是亚美尼亚主要粮食作物之一，并且几乎全部由小农家庭种植。近年来，马铃薯产量保持在60万吨以上，比全部谷物和豆类植物产量总和还要多，对缓解国内饥饿与粮食不安全问题具有极其重要的作用。2007—2016年，马铃薯种植面积在3万公顷左右波动；单产水平呈现不断上升趋势，虽然近两年略有下滑，但稳定在20吨/公顷以上（表5）。

表5　亚美尼亚马铃薯生产情况

年　份	种植面积（万公顷）	单产（吨/公顷）	产量（万吨）
2007	3.17	18.42	58.39
2008	3.43	18.91	64.86
2009	3.20	18.55	59.36
2010	2.84	16.97	48.20
2011	2.87	19.42	55.73
2012	3.12	20.74	64.72
2013	3.07	21.51	66.05
2014	3.00	23.20	69.61
2015	2.78	21.86	60.77
2016	2.89	20.98	60.63

数据来源：亚美尼亚历年统计年鉴《Statistical Yearbook of Armenia》

番茄是亚美尼亚最主要的蔬菜品种，种植面积约占全部蔬菜种植面积的1/4，产量约占全部蔬菜产量的1/3。2007—2016年，番茄的种植面积和产量均呈现先减少后增加的变化趋势，到2016年，种植面积达到0.76万公顷，产量达到29.81万吨（表6）。与马铃薯类似，亚美尼亚的番茄种植乃至全部蔬菜种植都由小农家庭经营。

表6 亚美尼亚番茄生产情况

年　份	种植面积（万公顷）	单产（吨/公顷）	产量（万吨）
2007	0.74	43.61	32.15
2008	0.63	46.95	29.38
2009	0.62	44.71	27.86
2010	0.65	38.66	25.19
2011	0.68	40.29	27.55
2012	0.63	42.36	26.52
2013	0.63	43.97	27.57
2014	0.65	45.88	29.88
2015	0.74	43.31	32.02
2016	0.76	39.07	29.81

数据来源：亚美尼亚历年统计年鉴《Statistical Yearbook of Armenia》

（2）畜牧业

近年来，在亚美尼亚农业发展过程中畜牧业越发重要，对稳定农户多元化收入和保障居民动物蛋白摄入具有积极意义。亚美尼亚畜牧业主要以小农家庭饲养为主，规模化的养殖场数量很少。畜牧业主要品种包括肉牛、奶牛、绵羊、山羊、猪、马、家禽等。2007—2016年，肉牛、奶牛以及绵羊和山羊的存栏量经历了先减少、后增加、2016年又滑落的变化趋势。其中，肉牛存栏量从2007年年末的31.85万头减少到2009年年末的29.67万头，之后逐年增长到2015年末的38.29万头，2016年末滑落到35.98万头；奶牛存栏量从2007年末的31.06万头减少到2010年末的27.26万头，之后逐年增长到2015年末的31.86万头，2016年末滑落到29.60万头；绵羊和山羊存栏量从2007年末的63.71万只减少到2009年末的51.10万只，之后逐年增长到2015年末的77.81万只，2016年末滑落到72.71万只。猪存栏量呈现逐步增长趋势，从2007年末的8.67万头逐渐增加到2016年末的17.55万头。马存栏量基本稳定在1.0万～1.2万匹的水平，2016年末存栏1.06万匹。除2010年以外，家禽存栏量基本维持在400万只左右，2014—2016年出现持续下滑，到2016年末存栏仅381.42万只。2007—2016年亚美尼亚畜禽年末存栏量见表7。

表7 亚美尼亚畜禽年末存栏量

年　份	肉牛（万头）	奶牛（万头）	绵羊和山羊（万头）	猪（万头）	马（万匹）	家禽（万只）
2007	31.85	31.06	63.71	8.67	1.18	401.82
2008	30.18	28.30	55.92	8.48	1.13	418.82
2009	29.67	27.39	51.10	11.26	1.08	413.46

(续表)

年 份	肉牛（万头）	奶牛（万头）	绵羊和山羊（万头）	猪（万头）	马（万匹）	家禽（万只）
2010	29.88	27.26	53.25	11.48	1.01	346.25
2011	31.59	28.33	59.02	10.81	0.99	402.35
2012	35.77	30.33	67.47	14.50	1.08	405.00
2013	36.80	30.96	71.76	13.98	1.17	410.12
2014	37.47	31.39	74.58	14.24	1.14	414.55
2015	38.29	31.86	77.81	17.48	1.14	394.28
2016	35.98	29.60	72.71	17.55	1.06	381.42

数据来源：亚美尼亚历年统计年鉴《Statistical Yearbook of Armenia》

近年来，亚美尼亚大多数畜禽产品产量得到稳步攀升。肉产量从2007年的6.97万吨逐步增加到2016年的10.61万吨，年均增长率4.8%。奶产量在2010年达到谷底60.09万吨之后持续增加到2016年的75.42万吨，年均增长率3.9%。蛋产量波动较为明显，2007—2010年从52540万枚快速增长到70220万枚，年均涨幅10.2%；2011年减产9.8%，为63360万枚；在2012年小幅增产到65810万枚后，2013年又出现较大幅度下滑，当年产量仅61520万枚，减产6.5%；之后逐年增产至2016年的69460万枚，接近2010年的历史高位。羊毛产量在2010年出现9.1%的减产，仅有1188吨，之后逐年增加到2016年的1641吨，年均增长率5.5%（表8）。

表8 亚美尼亚畜禽产品产量

年 份	肉（万吨）	奶（万吨）	蛋（万枚）	羊毛（吨）
2007	6.97	64.12	52540	1277
2008	7.09	66.19	57610	1332
2009	7.07	61.57	63010	1307
2010	6.95	60.09	70220	1188
2011	7.17	60.15	63360	1230
2012	7.39	61.82	65810	1280
2013	8.34	65.70	61520	1426
2014	9.31	70.04	64180	1477
2015	10.04	72.86	65980	1571
2016	10.61	75.42	69460	1641

数据来源：亚美尼亚历年统计年鉴《Statistical Yearbook of Armenia》

3. 主要农业产业布局

亚美尼亚全国划分为10个州和1个州级市（首都埃里温），其中位于西部的阿尔马维尔州、西南部的阿拉拉特州以及位于东部格加尔库尼克州是主要的农业区，2016年农业产值规模分别为1765亿德拉姆、1349亿德拉姆和1116亿德拉姆，占全国农业产值的份额分别为20.0%、15.4%和12.7%，合计几乎占到全国的一半。其中，阿尔马维尔州农业最为发达，养殖业涵盖牛、绵羊和山羊、猪、家禽等各产业，种植业以水果、蔬菜等园艺作物为主，谷物、蔬菜加工业和食品、饮料制造业也较为领先；阿拉拉特州农业以葡萄等水果种植为主，食品饮料制造业也是其重要的发展方向；格加尔库尼克州境内拥有亚美尼亚最大的湖泊塞凡湖，丰富的水资源孕育了多元化的农业生产，主要包括粮食、马铃薯和蔬菜种植业以及养殖业，农产品加工业和食品制造业也是其重要的产业部门。

希拉克州的农业产值仅次于上述3个州，农业以养牛业为主，食品、饮料制造业也是重要的产业。阿拉加茨州、洛里州、休尼克州的气候条件适宜谷物、马铃薯和饲料作物的生长，由此也孕育了养牛业的发展。科泰克州的农业以家禽养殖为主，拥有3个大型饲养场，肉制品加工、水果和蔬菜加工以及奶、面粉和饮料生产也是其重要的涉农产业。塔武什州种植业以粮食和葡萄为主，养殖业以奶牛和猪饲养为主，食品制造和木材加工也是其经济发展的重要部门。瓦约茨·佐尔州经济相对落后，以农业为主，65%的农业产值由牛养殖业贡献，其余农业经营活动还包括鸟养殖、水果和蔬菜种植等。首都埃里温市是亚美尼亚的政治、经济和文化中心，农业占比很低，酒制造业是主要的涉农产业。值得一提的是，由于突出的地理区位和经济地位，埃里温的农产品交易市场数量有5个，在全国居于首位。

（三）农产品贸易情况

1. 主要农产品贸易规模

21世纪以来，亚美尼亚的农产品贸易规模逐步扩大，从世纪之交的2.52亿美元逐步增长到2017年的13.49亿美元，年均增长10.4%。亚美尼亚农产品出口和进口除个别年份外，基本保持不断增长的态势。从2000—2017年，亚美尼亚农产品出口除2009年和2015年出现小幅回落以外，呈现阶段性上升趋势（图2）。出口额从0.31亿美元逐步增长到6.30亿美元，年均增长19.4%；进口除在2009年和2014—2016年出现明显下滑以外，也呈现阶段性上升趋势，进口额从2.20亿美元逐步增长到7.19亿美元，年均增长7.2%。亚美尼亚长期呈现农产品贸易逆差，贸易逆差额在2008年一度达到5.60亿美元，之后逐步缩小，到2017年仅0.88亿美元。按照目前的发展趋势，预计亚美尼亚农产品贸易会逐渐从赤字转向盈余。

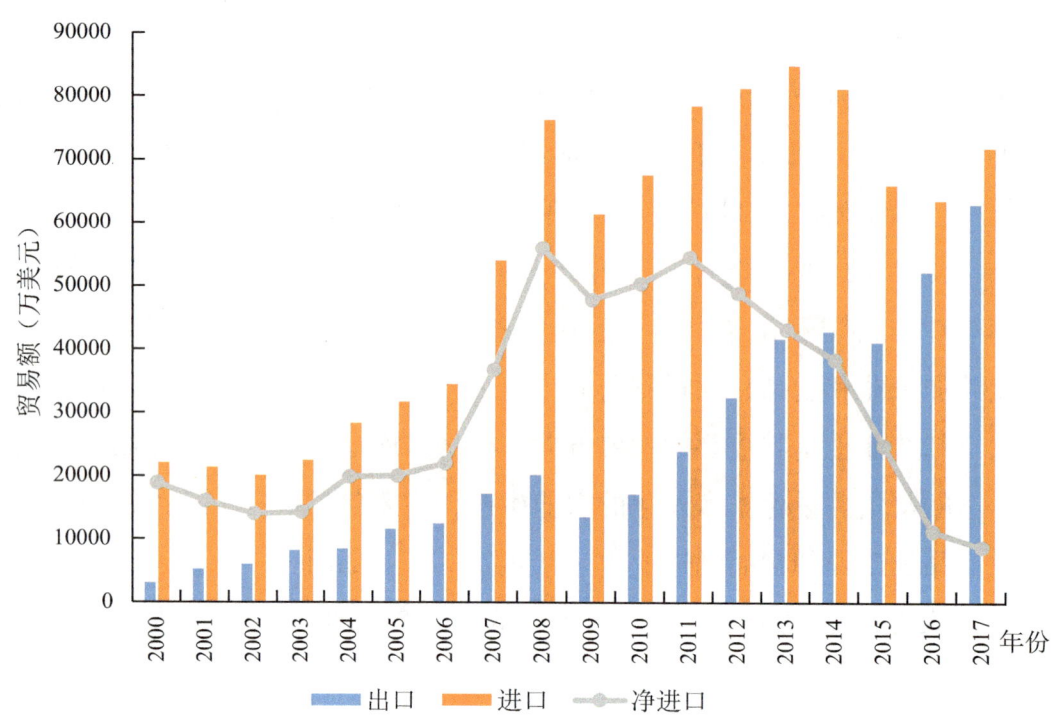

图2 亚美尼亚农产品进出口情况

数据来源：亚美尼亚统计委员会网站 http://www.armstat.am/en/

2017年，亚美尼亚主要进出口农产品包括：烟草及烟草代用品的制品，饮料、酒及醋，肉及食用杂碎，谷物，乳品、蛋类、天然蜂蜜，贸易额分别为31152.76万美元、30320.20万美元、8703.49万美元、7622.22万美元和6259.04万美元，占当年亚美尼亚农产品贸易总额的比例分别为23.1%、22.5%、6.5%、5.7%和4.6%。

2017年，亚美尼亚农产品出口额排名前5位的分别为饮料、酒及醋，烟草及烟草代用品的制品，蔬菜、水果等或植物其他部分的制品，鱼及其他水生动物，食用蔬菜、根及茎块，出口额分别为24176.94万美元、23744.55万美元、2406.08万美元、1924.25万美元和1801.82万美元，占亚美尼亚农产品出口总额的比例分别为38.4%、37.7%、3.8%、3.1%和2.9%。显然，饮料、酒及醋，烟草及烟草代用品的制品是亚美尼亚主要的出口创汇农产品，合计占亚美尼亚农产品总出口额的3/4以上。

2017年，亚美尼亚农产品进口额排名前5位的分别为谷物，烟草及烟草代用品的制品，肉及食用杂碎，饮料、酒及醋，糖及糖食，进口额分别为7620.35万美元、7408.21万美元、7089.88万美元、6143.25万美元和5658.10万美元，占亚美尼亚农产品进口总额的比例分别为10.6%、10.3%、9.9%、8.5%和7.9%。

2. 主要贸易伙伴

Chatham House 的 Resource Trade 数据库显示，俄罗斯是亚美尼亚农产品出口的最主要对象国，2016年对俄罗斯农产品出口额占亚美尼亚全部农产品出口的75.4%，出口的农产品主要是水果、蔬菜等园艺产品。除俄罗斯以外，亚美尼亚对伊朗、格鲁吉亚和伊拉克的农产品出口份额也超过1%，出口额占亚美尼亚全部农产品出口的比例分别为9.5%、6.3%和1.8%。其中，出口伊朗的主要农产品是羊肉，出口格鲁吉亚的主要农产品是水果、蔬菜等园艺产品，出口伊拉克的主要农产品是活牛。

在进口方面，俄罗斯仍然是亚美尼亚第一大农产品进口来源国，2016年从俄罗斯农产品进口额占亚美尼亚全部农产品进口的28.1%，进口的农产品主要是谷物和油籽。除俄罗斯以外，亚美尼亚农产品进口的主要来源国还包括巴西、乌克兰、印度、格鲁吉亚、新西兰等，进口额占亚美尼亚全部农产品出口的比例分别为11.4%、6.6%、6.2%、3.7%和3.2%。其中，进口巴西的主要农产品是糖、猪肉和禽肉，进口乌克兰的主要农产品是奶和奶粉、禽肉和油籽，进口印度的主要农产品是烟草和牛肉，进口格鲁吉亚的主要农产品是油籽、水果和谷物，进口新西兰的主要农产品是黄油。

3. 中国与亚美尼亚贸易情况

从2009年起，中国就成为亚美尼亚的第二大贸易伙伴，双边贸易额持续增长。但在农产品贸易方面，中国与亚美尼亚的双边贸易近年来出现较大波动。如表9所示，2008年，中亚两国农产品贸易额为536.07万美元；2009年，受全球金融危机影响，农产品贸易额锐减到288.67万美元；随着经济复苏，农产品贸易额在之后两年快速攀升，到2011年，农产品贸易额增长到1043.77万美元；受政策影响，亚美尼亚在2011年之后逐渐减少对中国农产品进口，导致双边贸易额持续下降，到2016年仅为288.33万美元；2017年，中亚双边农产品贸易出现恢复性增长，达到432.80万美元。

表9 亚美尼亚与中国的农产品贸易情况 （单位：万美元）

年 份	对中国出口额	从中国进口额	两国农产品贸易总额
2008	0.43	535.64	536.07
2009	0.36	288.31	288.67
2010	9.34	824.89	834.24
2011	21.65	1022.13	1043.77
2012	103.95	836.83	940.77
2013	79.25	749.05	828.30
2014	89.41	556.89	646.30
2015	73.93	334.72	408.65
2016	57.99	230.34	288.33
2017	47.89	384.91	432.80

数据来源：中国海关

亚美尼亚长期保持对中国农产品的净进口。近年来，亚美尼亚对中国农产品出口额从几乎为零发展到数十万美元，但体量相比两国农产品贸易总额仍然很低。亚美尼亚从中国进口农产品的变化趋势与双边农产品贸易总额一致，值得一提的是，亚美尼亚从中国进口农产品占两国农产品贸易总额的比例呈现下降趋势，从2012年之前的几乎100%逐渐下滑到2016年的不足80%；2017年这一比例有所回升，达到88.9%。

从双边农产品贸易结构来看，亚美尼亚对中国出口的农产品主要是饮品类，出口额占比长期维持在90%以上，甚至很多年份都是100%。而亚美尼亚从中国进口的农产品结构近年来则发生了深刻变化。2008年，亚美尼亚从中国进口的主要农产品为畜产品、蔬菜、油籽和粮食制品，分别占当年从中国进口农产品总额的30.9%、27.6%、23.2%和7.6%；2017年，亚美尼亚从中国进口的主要农产品为油籽、糖料及糖、水产品和蔬菜，分别占当年从中国进口农产品总额的53.1%、10.7%、10.6%和8.5%。

（四）农业科技发展

1. 农业科研机构

亚美尼亚国立农业大学（ANAU），作为亚美尼亚国内最顶尖的高等学府之一，是亚国内唯一一所培养农业领域技术人才的高等教育机构，也是著名的农业基础与应用研究中心。自1930年建校发展至今，亚美尼亚国立农业大学为国家涉农政府部门、农业技术部门和涉农企业等培养输送了超过6万名人才，为国家农业科学技术进步和乡村发展作出了突出贡献。目前，该校包括7个学院，分别为农学院、食品技术学院、水利改良与土地及地籍管理学院、农业机械化与车辆运输学院、兽医与卫生学院、农业经营与市场营销学院以及经济学院，涵盖36个学士点、39个硕士点和29个博士点，在校师生12000余人，与世界知名的55所高校拥有长期合作关系，包括与美国、德国、俄罗斯等国高校合作办学，以及与欧美多国开展实验项目研究。ANAU在农学、食品工艺与品质、水土治理、土地管理和规划、农业机械化和自动化、兽医学以及农业市场管理等领域具有一定的国际影响力。该校的科学家在农作物基因资源与基因改良、动植物疫病防控、农业机械设计与应用、农产品精深加工、水土资源可循环利用与生态建设等领域占据一定国际前沿。值得一提的是，该校农业实验室拥有4000余种草本植物，其中2250余种属于野生种类。

2. 农业科技发展状况

在亚美尼亚，农业科技进步及其充分的推广应用是提高农业生产率、保障农业政策顺利进行的关键。苏联时期，亚美尼亚在全国各地拥有大量的高度专业化的农业科研与发展机构，从事高效、耐旱作物育种，化肥、农药研制与量产，以及简单实用栽培技术的研究与推广等活动，为国家农业政策的制定提供科技支撑。苏联解体以后，亚美尼亚农业科技发展日趋滞后，国家级的农业科研机构全面萎缩，农业研发与创新活动几乎消失殆尽。苏联解体之后的另一个变化在于农用机械的投资与更新日趋不足，设备落后老化严重，导致播种和收获期机械设备严重不足，而且难以抵御频发的霜冻、冰雹、干旱等自然灾害。

不仅如此，亚美尼亚实行私有化之后，农业经营主体以农户家庭为主，农业科技研发、推广部门与面广量大的小农户之间高昂的交易成本，容易造成政府失灵叠加市场失灵，进而导致小农户从农业科技进步中的受益非常有限，包括精细灌溉、作物田间管理、高效育种、信息通信等在内的现代农业信息与技术很难惠及小农户。

亚美尼亚的农业科技水平发展滞后，不仅制约了其农产品产量与品质的提升，造成其农业竞争力相对落后，还对其保障国内粮食安全、缓解饥饿和营养不良情况带来了挑战。

（五）农业管理体系与政策

1. 农业管理体系

亚美尼亚农业部是亚美尼亚中央政府重要的组成部门，负责制定和执行农业领域的政策，促进农业生产力提升和保障农业可持续，其具体职能包括：① 执行和监督促进农业企业活动的项目；② 执行和监督国家农业安全和食品安全的项目；③ 执行和监督政府间农业合作项目；④ 在涉农数据和信息搜集基础上发布政府农业统计报告；⑤ 按照功能和重要性对森林进行分类；⑥ 执行和监督森林资源保护和高效利用的项目；⑦ 执行和监督森林防火安全及病虫害防控项目；⑧ 批准国家森林管理计划；⑨ 执行和监督促进各类主体参与农业活动的支持项目；⑩ 执行和监督农作物育种、植保支持项目；⑪ 执行和监督动物饲养、兽医兽药与疫病防控的发展项目；⑫ 执行和监督依法促进农业土地利用和改进效率的项目；⑬ 执行农业领域相关国有资产私有化的准备工作；⑭ 执行和监督农业灌溉项目；⑮ 依据国家水利法执行和监督防止和减缓河流水污染的相关措施；⑯ 对农业领域国家公职人员开展专业培训和再培训；⑰ 执行和监督农业科技创新项目，制定农业科技政策和引进农业先进技术；⑱ 参与讨论、签署和执行国际涉农合作协议；⑲ 参与起草涉农法律法规；⑳ 对隶属于下属组织的国有资产的使用和维护进行管理，批准产权变更和租赁的事宜；㉑ 对合资企业的国有资产部分进行依法管理。

亚美尼亚农业部管理制度采取部长负责制，农业部部长由亚美尼亚总理推荐、由总统任命，负责主持农业部的全局工作。农业部设有第一副部长和多名副部长，负责配合部长管理具体事务。农业部部长还拥有多位顾问、助理和新闻官，提供具体事务的咨询与服务。为了更有效地实施农业部职能，农业部部长下设委员会负责支持农业部战略计划的制订，实施进展的跟踪评估，以及起草促进农业部管理效率提升的方案。

Staff of the Ministry 是亚美尼亚农业部负责具体行政事务的机构，向农业部部级领导负责。在机构主管下设农业发展项目司、植物栽培与植物保护司、土地利用与改良司、农产品加工发展司、兽医与畜牧业司、法律司、金融—经济与财务司、对外关系司、农业项目检测与分析司等具体业务部门。

2. 农业支持政策

苏联解体之后，为了鼓励农业生产，亚美尼亚政府采取的第一个政策措施就是免除农业税费，不仅农用土地税被免除，农民的收入税和灌溉费也都一并减免，这保护了农民务农的积极性，促进了国内农业生产的稳定。

由于亚美尼亚宏观经济政策的导向是偏向自由化和市场化，涉农支持政策一般不直接干预市场经济活动，也不对农产品设置保护价格，往往采用征税（包括关税）和补贴的办法保护和激励国内农产品生产者和加工企业。例如，为促进本国农产品及其加工品出口，减少农产品贸易逆差，亚美尼亚政府采取对进口终端农产品和加工品征收关税、对出口农产品和加工品免税的措施。又如，亚美尼亚土地碎片化导致远离农村社区的土地撂荒严重，为鼓励农民耕种，政府对开垦荒地提供专门补贴。

在促进农业灌溉网建设、提高灌溉效率方面，亚美尼亚政府采取了一系列举措，并与其他国家合作实施了诸多项目。如为农民提供农业水资源管理和高附加值农产品种植培训，从2007年2月到2011年10月，大约有6万农民获得了相关培训。加强农田水利相关基础设施建设，帮助拓展农民参与国际、国内市场的渠道。在促进作物和动物品种改良方面，亚美尼亚政府积极引进高产作物和动物品种，如引进高产小麦和大麦品种，鼓励私营组织采用人工受精技术促进动物品种改良。

为缓解亚美尼亚面广量大的小农户与市场对接时交易成本过高以及无力应对自然气候灾害等问题，亚美尼亚政府近年来着力培育农业合作社和构建农业保险体系，目前亚美尼亚农业合作社法已起草完成，亚美尼亚农业保险也完成了第一轮的可行性论证。

亚美尼亚的农业支持政策还包括：无机肥以市场价25%～30%的价格补贴；柴油以市场价25%的价格补贴；农业贷款4%的利率补贴；为养殖户提供兽医上门服务等。

3. 农业发展规划

《亚美尼亚农业可持续发展战略》（SARD）是亚美尼亚最主要的农业发展规划。目前正在实施的是SARD 2010—2020年版，在此基础上已编制完成SARD 2015—2025年版，正待政府有关部门审议通过。新的规划列举了一系列发展目标，并建议采取以下行动措施。

一是推动实施关税同盟框架下的农业活动，以维持和提升亚美尼亚农业部门竞争力；与此同时，注重保护本国农业生产者权益。

二是提升农业投入产出效用，保障粮食安全，尤其是增加重要农产品的自给能力。现阶段，亚美尼亚的马铃薯、蔬菜、水果、羊肉等农产品的自给率已经接近60%，而小麦、玉米、禽肉和猪肉的自给率相对低下。未来的政策目标是将重要农产品的自给率提升至80%，小麦的自给率达到60%。

三是持续增加山区和边远地区以畜牧养殖为生计的农村社区的投入，包括恢复交通网络和灌溉体系、提升奶类生产和加工能力、加强农业合作社建设、建立兽医服务中心、促进动物良种繁育和杂交育种等。

四是加大土地管理力度，重点促进增加可耕地面积和提高土地利用效率。

五是提高农作物种子质量，重点加大小麦和饲用作物良种培育的支持力度。

六是在未来十年，提升肉牛和奶牛品质，大力引进人工受精的高效机制与技术，系统性完善兽医服务体系。

七是逐步建立农业保险制度，大力促进农业保险立法、相关组织和基础设施建设，提高农民保险意识。

八是依靠政府和社会组织减少自然灾害尤其是冰雹给农业带来的危害。

九是通过完善相关立法、人员培训和专业技术实验室建设，打造食品安全体系和农业生产认证制度。

十是通过进口农用机械设备，恢复农业机械化体系。

三、农业投资环境

（一）国家商业环境

世界银行发布的全球营商环境报告《Doing Business 2018：Reforming to Create Jobs》从10个维度对各国营商环境进行了评估。2018年，亚美尼亚在190个参评经济体中以72.51分排名第47，相比2017年的位次略有下滑（表10）。在开办企业和登记产权方面，亚美尼亚比大多数国家更为快捷便利，分别仅需要4道和3道手续，平均耗时近4.5天和7天，这大大节约了在亚美尼亚经营的时间和成本。而在办理施工许可、纳税和破产处理等方面，亚美尼亚的表现不尽如人意。其中，办理施工许可需要19道手续，平均历时长达98天；企业纳税每年需缴14次，耗时约313个小时，税收负担占利润的比例达到18.5%；破产处理则需耗费1.9年的时间，成本大约占资产总额的11.0%。

表 10 亚美尼亚的营商环境

维　度	2018 年排名	2018 年得分（前沿水平 =100）	2017 年排名	2017 年得分（前沿水平 =100）
总体	47	72.51	38	73.63
开办企业	15	94.47	9	96.07
办理施工许可	89	67.99	81	70.03
获得电力	66	78.53	76	73.17
登记产权	13	87.78	13	87.36
获得信贷	42	70.00	20	75.00
保护中小投资者	62	58.33	53	60.00
纳税	87	72.49	88	72.49
跨境贸易	52	86.45	48	86.45
执行合同	47	66.00	28	69.71
破产处理	97	43.01	78	46.06

数据来源：《Doing Business 2018：Reforming to Create Jobs》

从世界经济论坛发布的全球竞争力报告《The Global Competitiveness Report 2017—2018》来看，亚美尼亚的国家竞争力在 137 个参评经济体中排名第 73。其中，在健康和基础教育方面，亚美尼亚表现较为突出，得分较高；而在市场空间、创新、基础设施和金融市场发展等方面，亚美尼亚得分都低于 4 分，与大多数国家相比竞争力水平还有待提升（图 3）。

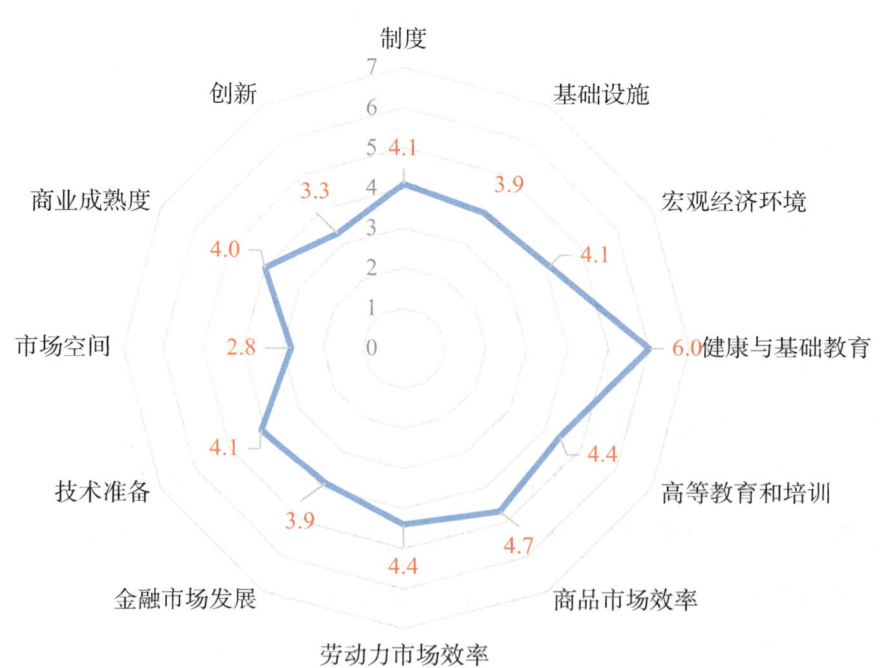

图 3　亚美尼亚竞争力评价（满分 =7）

数据来源：《The Global Competitiveness Report 2017–2018》

（二）农业优势与潜力

1. 农产品价格优势明显

亚美尼亚大多数农产品价格优势明显，在国际市场拥有一定的竞争力。相比于气候条件、资源禀赋和农业生产结构类似的西班牙、土耳其、摩尔多瓦等国，亚美尼亚尽管土地产出率并不高，但其农产品价格大多十分便宜，尤其是番茄、黄瓜、桃子、杏、葡萄等在国际市场上拥有一定的价格优势。而且，近年来，亚美尼亚宏观经济出现一定的通货紧缩，农产品价格出现不同程度的下降，出口价格优势更为明显。加之，亚美尼亚浆果的生产和采集都是有机的，对各国消费者拥有很强的吸引力。

2. 农业投入要素成本低廉

亚美尼亚农业生产的劳动力、土地和能源投入要素成本低廉。亚美尼亚劳动力相对就业机会而言十分充裕，2016年年底全国劳动能力人口122.75万人，占全国人口的41.1%。当年职工月平均工资为18.89万德拉姆（约393美元），最低工资为11.2万德拉姆（约233美元）。各行业从业人员工资水平分化较为严重，农林牧渔业从业人员工资收入低于平均水平。亚美尼亚土地可自由买卖（非亚美尼亚注册的公司和外国籍自然人除外），农用土地价格每1千平方米8000美元左右。由于电力及水资源丰富，亚美尼亚水电价格相对较低，电费白天为46.2德拉姆（约合0.096美元）/度，夜间23时至早7时为36.2德拉姆（约合0.075美元）/度；自来水价格为170德拉姆（约合0.35美元）/吨（含排水及污水处理）。

3. 特色农产品具备品牌优势

受气候和地理环境影响，亚美尼亚水产品、烟叶和酒等产品在国际上具有一定的品牌知名度。亚美尼亚自流水资源较为丰富，鱼和甲壳类水产品具有很强的竞争优势，随着出口量的增加，国际市场的认可度不断提升。得益于大面积的葡萄种植，亚美尼亚拥有悠久的酿酒传统，阿雷尼（Areni）地区是亚美尼亚最负盛名的葡萄酒产区，每年葡萄酒节吸引了世界各地的游客前来争相品尝各类葡萄酒和观摩传统酿造工艺。

（三）风险分析

1. 农业基础设施和技术装备落后

伴随着苏联解体，亚美尼亚政府对农业基本建设投入长期滞后，导致农业基础设施严重不足，农业机械装备和技术设备十分落后，不仅造成农业生产效率低下，而且造成农民在市场交易中十分被动，难以保障自身权益。举例而言，由于仓储设施和冷藏设备严重不足，小麦、马铃薯和苹果等农产品主要是在收获期大量低价入市，不仅导致农产品在短期内供给过剩，价格低廉，还导致在非收获期市场需求难以得到有效满足。此外，亚美尼亚土地私有化改革导致农业经营主体以小农家庭为主，比较收益过低条件下许多生产小农转为生计小农。这种不以经济利润为导向的原始化经营主体难以积累足够的农业剩余购买价格不菲的农业机械装备，导致农业扩大再生产的投资长期不足。

2. 农业专业技术人才匮乏

苏联解体之后，涉农高职院校和研发机构大量关停，农业领域的专业技术人才尤其是农学家日益匮乏不仅造成高效实用技术研发严重滞后，还无法对政府的农业政策制定提供有效的支撑，最终导致国家农业竞争力难以提升，是亚美尼亚农业发展的核心瓶颈和亟待解决的问题。例如，在水果种植领域，由于农业技术人才短缺，许多高产增效技术在亚美尼亚推广应用缓慢，很多温室种植园不得不聘请欧洲专业技术人员。

3. 农业融资难、融资成本高

在亚美尼亚，农业融资难、融资成本高的矛盾十分突出。2016年年底，亚美尼亚中央银行再贷款利率为6.3%，商业银行贷款利率为15.4%，正规金融渠道的信贷成本尚且如此高昂，农村中普遍存在的非正规金融的借贷成本之高也就可想而知了。

从农业贷款可获得性来看，绝大多数村庄和农户都很难获得金融支持。一方面，长期农业贷款几乎不可能发放给普通农户，客观上也造成农户应用新机械、新技术扩大再生产能力不足；另一方面，短期农业贷款，即使有资产抵押，也只能贷到资产价值的30%～50%，造成贷款金额往往无法覆盖农户所需额度。很多农户转向利息率更高的民间金融，这不仅造成资金成本的上推，还导致部分农户陷入"借新债还旧债"的恶性循环之中，经营状况不断恶化甚至破产。

（四）总体评价

总体而言，随着亚美尼亚的私有化、市场化改革的推进，营商环境和国家竞争力在世界各国中大体处于中等水平，但政府行政效率、基础设施建设和金融市场发展等方面还有待提升。近年来，亚美尼亚也着力通过减少审批手续、加强农业基础设施网络、恢复和改善信贷融资等方式积极提高对外资的吸引力。

得益于农业生产劳动力、土地和能源投入要素成本低廉，亚美尼亚农产品在国际市场上拥有明显的价格竞争力，部分特色农产品也具备一定的国际知名度。但与此同时，受农业基础设施和技术装备落后、农业专业技术人才匮乏以及农业融资难、融资贵等多种因素制约，亚美尼亚农业生产效率较为低下，发展潜力未能充分释放。

四、中亚农业合作现状与合作重点

（一）合作现状

1. 合作机制

1992年1月，为发展两国经济贸易关系，中国与亚美尼亚政府签订了《中华人民共和国政府和亚美尼亚共和国政府经济贸易协定》，该协定规定双方在对两国进出口商品征收关税、其他税收和海关管理的规章以及办理海关手续方面相互给予最惠国待遇。

1992年7月，为鼓励和保护双边投资，并为之创造良好的条件，在相互尊重主权和平等互利的原则基础上，中国与亚美尼亚签署了《中华人民共和国政府和亚美尼亚共和国政府关于鼓励和相互保护投资协定》。

1996年5月，为避免双重征税，促进双边经贸投资往来，中国与亚美尼亚签署了《中华人民共和国政府和亚美尼亚共和国政府关于对所得和财产避免双重征税和防止偷漏税的协定》，该协定自1996年11月28日起生效，于1997年1月1日起执行。

1999年4月，为促进两国农业合作，中亚两国农业部长在北京举行会谈，并签署两国《农业合作协议》。

此外，1996年5月、2004年9月和2015年3月，中亚两国相继签订了《关于中华人民共和国和亚美尼亚共和国友好关系基础的联合公报》《中华人民共和国和亚美尼亚共和国联合声明》和《中华人民共和国和亚美尼亚共和国关于进一步发展和深化友好合作关系的联合声明》，其中均将农业列为重要合作领域，亚方也欢迎中国企业对亚开展农业贸易与投资。

近年来，"一带一路"重大倡议为两国深化务实合作注入了新的动力，两国高层的密切交往为双边关系的友好健康发展奠定了坚实基础。2015年3月，亚美尼亚总统萨尔基相对中国进行国事访问，与习近平主席举行会谈，两国领导人就加强和深化中亚经贸合作达成一系列重要共识，双方还在经贸、金融、海关等领域签署了多个合作文件。亚方希望成为中国企业进入欧亚经济联盟和欧盟市场的重要纽带，欢迎中国企业到亚美尼亚投资兴业，开展更广泛的务实合作。2016年，时任中央政法委书记孟建柱和国务院副总理张高丽成功访问亚美尼亚，为进一步巩固和发展两国关系发挥重要作用。

2. 科技合作

2013年年初，中国山东济泉黄岩蜂产品开发有限公司（简称"济泉黄岩公司"）与亚美尼亚ANCSHAK公司正式签订合作协议，携手开展蜂产品的研发与国际销售合作，成为两国在农业领域的第一个合作发展项目。协议内容主要包括：一方面，引进中国优良蜂种,改良亚美尼亚蜂种;另一方面,由济泉黄岩公司提供先进的技术和设备,亚美尼亚 ANCSHAK 公司提供原生态蜂蜜原料,双方共同研发蜂王浆、蜂花粉等系列蜂产品,在亚美尼亚生产、包装后向全世界进行销售。

如今,亚美尼亚蜂群已得到很好的改良,双方联合研发的优质蜂产品也在国际上得到越来越多的消费者认可。为此,济泉黄岩公司获得亚美尼亚政府授予的"中亚农业合作最佳伙伴"荣誉称号,参与合作的相关负责人也被授予"中亚蜂业合作突出贡献者"称号。

3. 贸易合作

1999 年,中国—亚美尼亚政府间经贸合作委员会成立。该委员会致力于扩大双边经贸往来,促进开展经贸交流活动和贸易促进活动,及时沟通并协调解决双边经贸合作中出现的各种问题。到 2016 年 8 月,中亚政府间经贸合作委员会已举办第九次会议。双方围绕经贸合作中的基础设施、农业、能源、信息技术和创新、联合组织商务论坛、展会和博览会以及其他感兴趣的议题广泛交换了意见。

此外,为促进双边贸易和商品流通,2015 年 3 月,中亚两国央行签署了 10 亿元人民币 /770 亿德拉姆的本币互换协议,为期 3 年。

4. 投资合作

目前,中亚两国相互投资规模很小。据商务部统计,截至 2016 年年末,中国在亚美尼亚开办的企业有 6 家,直接投资存量 751 万美元,占亚美尼亚外资总额的份额几乎可以忽略不计。中国企业在亚美尼亚主要实施设备销售和服务以及工程承包项目,其中,承包工程主要集中在公路、通信、电站领域,多数为国际金融机构或亚美尼亚政府贷款项目。截至目前,中国企业尚未在亚美尼亚开展境外合作园区的投资开发,也未参与当地农业项目的直接投资。

(二)合作潜力

1. 合作基础

中亚两国建交以来,政治互信不断深化,经贸关系稳步发展。亚美尼亚一直将中国视为其"外交优先方向"之一,历届政府始终奉行对华友好。近年来,中国提出的"一带一路"倡议收到亚美尼亚政府的积极响应,进一步夯实了两国在各层次、各领域的合作基础。2016 年,在张高丽副总理访亚期间,中国商务部与亚美尼亚经济部签署了《关于开展产能合作的谅解备忘录》。双方商定按照"企业主体、市场运作"原则,共同编制两国产能合作规划,为双方企业开展产能合作提供指导,并推动双方金融机构为重点合作项目提供融资支持。

具体到农业合作领域，中亚两国不仅具有比较坚实的政策基础，双方产能合作优势互补也较为明显。亚美尼亚农业存在基础设施薄弱、技术装备落后、农资投入相对不足等方面的问题，通过与中国开展合作，可以充分发挥中国在农业机械装备、科学技术和农资生产等方面的优势，从而更好地挖掘亚美尼亚农业发展的潜力，保障亚美尼亚农产品供给安全，促进农民增收。

2. 合作前景

随着"一带一路"倡议的深入实施，在两国政府对双边农业合作抱有积极意愿的情况下，中亚农业合作前景广阔。加强两国农业合作有利于双方优势互补、共赢发展。而且，外高加索地区是联通亚欧陆桥的重要次区域，中国会进一步扩大对这一地区的投资力度，中亚之间的双边经贸往来将会更加频繁，双方在农业领域将会开展多种方式合作。可以预见，中国在输出农业先进技术和优势产能的同时，亚美尼亚的农机装备水平、农资生产能力以及专业技术人才素质水平将会得到大幅度提升，从而有利于提高亚美尼亚农业生产率和竞争力。

（三）合作重点

1. 重点领域

中国与亚美尼亚在农业科技、农产品贸易等领域开展了一系列合作，并取得一定成效。随着两国关系日益紧密，中亚两国农业合作的领域和层次将会愈加拓展和深入，但由于各种因素的制约，建议当前中国与亚美尼亚农业合作的优先领域定位于农业科技与农用物资两个领域，而在农产品贸易和农业直接投资领域则需谨慎而行。

在农业科技领域，亚美尼亚农业科技水平落后，专业技术人才匮乏，为实现农业可持续发展和提高农业生产率，亟须引进先进适用的农业科学技术。而中国经过长期研发创新和实践摸索，形成了一整套相对成熟的适应于小农户经营的农业科技应用和推广体系。加之，中国与亚美尼亚已有农业科技合作的成功案例，将中国的先进农业技术引入到亚美尼亚，并与当地农业产业发展相结合，前景十分广阔。

在农用物资领域，亚美尼亚农用机械设备和优质高产良种十分紧缺，化肥、农药、饲料等投入相对不足，而中国在农业机械设备的设计、量产以及动植物良种繁育方面积累了大量经验，化肥、农药的产能国际领先。不论是农资的产能合作还是贸易往来，市场空间都十分巨大。

对于农产品贸易而言，考虑到亚美尼亚周边地缘关系异常复杂，尤其是亚美尼亚与阿塞拜疆存在领土争端，两国处于相互敌对状态，甚至不时爆发武装冲突；亚美尼亚与土耳其也因历史问题持续对立，土耳其在边境和经济方面对亚美尼亚长期封锁，导致亚美尼亚的边境贸易非常受限，国际贸易只能选择格鲁吉亚通往黑海的波季（Poti）港作为接收和发送货物的主要港口，贸易活跃度也因高昂的运输成本而难以提升。因此，从贸易通道安全和货物运输成本角度而言，大幅增加中亚农产品贸易规模存在现实难度。

对于农业直接投资而言，由于亚美尼亚农业基础设施薄弱、农业专业技术人才匮乏，中国企业到亚美尼亚从事农业直接投资面临系统性风险，需要垫付大量的沉淀成本。亚美尼亚农业用地的所有权无法转让给外国法人，中国企业若投资亚美尼亚农业，只能根据土地租赁合同获得承包经营权，租赁经营期限最多仅5年，这给企业长期稳定的经营带来一定风险。从投入产出合理性而言，不建议中国企业到亚美尼亚开展农业直接投资。

2. 重点产业

（1）粮食作物良种选育

小麦、大麦、玉米、马铃薯等是亚美尼亚的主要粮食作物，但由于单产不高，亟须引进高产品种。而中国拥有相对成熟的粮食作物种植技术和管理经验，双方可以在新品种研发、引进、改良、筛选、繁育等方面开展深入的技术交流与合作，并对适合亚美尼亚本地条件的优良品种和适宜技术进行示范种植和推广。

（2）动物人工繁育

未来10年，为提升肉牛和奶牛品质，亚美尼亚将大力引进人工受精技术。而中国已初步建立肉牛、奶牛的繁育体系，并已实施遗传改良计划，相关技术已趋成熟。双方可以在肉牛和奶牛的品种改良、筛选、繁育等方面开展技术交流和务实合作，共同促进优良品种的培育，以期获得可观的经济效益。

（3）农化农机的贸易与投资

亚美尼亚在化肥、农药等生产资料和农业机械方面投入相对不足，农业投入体系亟待建立。而中国是化肥、农药生产第一大国，适合小农户使用的小微型农机具研发和生产技术相对成熟。中国企业可以利用自身技术和产能优势，借助亚美尼亚政府鼓励进口农用机械设备和增加施用化肥、农药的优惠政策，增加对亚美尼亚相关投入品的出口；同时，把握亚美尼亚推进私有化的改革政策红利，加强在相关领域对亚美尼亚的投资并购。

（4）葡萄酒庄的投资合作

亚美尼亚具有栽培葡萄和酿造葡萄酒的传统，其生产的葡萄酒在国际市场声名远播。近年来，随着居民收入水平的提高，中国对葡萄酒消费量持续攀升。为适应这一趋势，中国企业可以考虑与亚美尼亚葡萄酒庄开展投资合作，将亚美尼亚优质葡萄酒返销国内或出口其他国家。

五、中亚农业合作建议

（一）建立中亚农业科技合作示范区，打造中国形象

亚美尼亚自独立以来，农业发展长期受科技投入不足和落后的制约而发展迟缓，亚美尼亚政府对与中国开展农业科技合作意愿强烈，也愿意提供配套的优惠政策。为响应"一带一路"倡议，抓住亚美尼亚宏观经济和政策规划的红利窗口，可以通过建立中亚农业科技合作示范区，促进农作物育种、动物人工繁育、小微型农机具设计等领域的集成研发，形成平台集聚效益，打造中国农业高新科技形象，为中亚农业合作的深入发展奠定了基础。

（二）农化农机企业形成企业联盟，发挥产能合作规模优势

当前，亚美尼亚亟须构建化肥、农药和农机服务体系，提高农业生产率。为避免单个企业"走出去"风险，中国农化、农机领域的企业宜结成企业联盟，并鼓励金融机构进行资金扶持，形成产业协同，不仅可以促进中国农化、农机产能和产品输出，还能避免企业盲目投资，提高企业共同抵御风险的能力。

（三）依托各类平台，协助促进能力建设

亚美尼亚农业发展相对滞后的深层次原因在于农业专业技术人才匮乏，为加强中亚农业合作，实现长期效益，促进亚美尼亚农业人才的能力建设必不可少。为协助打造亚美尼亚农业人才队伍，可以依托政府间、企业间的各类合作平台，包括国际援助项目和国际机构贷款项目，建立人才培训和交流的长效机制，鼓励亚美尼亚各层次涉农人员来华留学、交流、访问，共同举办专题研讨会，尤其注重加强亚美尼亚涉农青年人才的能力建设。

（四）以文化交流为契机，加大葡萄酒投资合作

文化交流是成本和风险最低的融入东道国、参与当地合作的方式。为促进和拓展与亚美尼亚葡萄酒庄园的投资合作，可以借助诸如阿雷尼葡萄酒节等葡萄酒文化活动开展先期接触和遴选，从而以低成本形成文化共识和价值认同，在此基础上较为顺畅地推进中亚葡萄酒领域的经贸往来与投资合作。

参考文献

马晓华.2015.近年中国和亚美尼亚两国的双边关系[J].中外企业家,(2):265-269.

商务部国际贸易经济合作研究院,中国驻亚美尼亚大使馆经济商务参赞处,商务部对外投资和经济合作司.2017.对外投资合作国别(地区)指南·亚美尼亚(2017年版)[EB/OL].http://fec.mofcom.gov.cn/article/gbdqzn/upload/yameiniya.pdf.

瓦切 H. 托克马吉安,鲍里斯 P. 纳特萨卡尼安,维利克 H. 萨格西安.2011.全球气候变化对亚美尼亚水资源的影响[J].北京建筑工程学院学报,27(4):22-25.